幼稚園教諭・保育士養成課程準拠

保育・教職
実践演習

学びの軌跡の集大成を目指して

神長美津子・田代幸代 ● 編著

中央法規

はじめに

　これからの時代を生きる子どもたちに，私たちはどのような教育を進めていったらよいのだろうか。世界に目を向ければ，激しい対立によって混迷する地域があり，地球規模での自然環境の変化も深刻である。生成AIをはじめとするデジタル技術の急速な発展や，雇用システムの転換など，社会や経済のあり方も不確実性を増している。幼児教育・保育の質の向上や，教育を通じたウェルビーイングの実現，多様な個性や特性，背景をもつ子どもへの対応などへの取り組みも求められている。

　こうした不確実な世界を生き抜く子どもたちを育てていくためには，保育者自身もまた，それぞれの専門性を磨きつつ，多岐にわたる課題の解決に主体的に取り組み，対応する力を身につけることが必要である。まさに，保育者としてスタートする1年目から，保育者自身が「自ら学ぶ保育者としての資質能力」が求められている。

　「保育実践演習」又は「教職実践演習」は，いずれの保育者養成課程においても，課程修了学年に履修することになっている。この科目は，保育者としてスタートするにあたって，養成課程での「学びの軌跡の集大成」として，保育者の使命や役割を確認し，職業人として自立していくために必要なことを学ぶために設けられている。

　現在，保育士と幼稚園教員の資格の両方を取得する学生が多いことから，本書はそのタイトルを「保育・教職実践演習」とした。講義を受けるにあたっては，これまでの養成校での学修を振り返り「保育者としての自分」について自己評価することから始まり，常に自らの資質向上を意識して学修に取り組むことを期待している。

　また，実践の場で活躍されている先生方にも役立てていただけるよう，幼稚園や保育所，認定こども園等で起こっている事柄をクラス担任の視点からよりわかりやすく解説している。保育者養成校を巣立っていく学生や実践の場で活躍されている方々の必読書になることを期待している。

　2025年2月

編者を代表して　　田代幸代

　本書は，2021年に発行された『乳幼児教育・保育シリーズ　保育・教職実践演習——学びの軌跡の集大成を目指して』（光生館）に加筆・修正のうえ，再発行することになりました。

はじめに

序章　保育・教職実践演習で学ぶこと　　1

① 保育者としてスタートする前に　　1
② 授業方法の工夫　　3
③ 保育者の資質向上と本書の活用　　6

第1部　保育者の職務内容を知る

第1章　保育者に求められる資質能力を知る　　10

① 保育者として生きていく　　10
② 求められる資質能力　　11
③ 具体的な園生活の場面にみられる保育者の資質能力　　11
④ 資質・専門性を向上させるために自律的に学び続ける　　15

第2章　職場を知る　　22

① 就学前教育・保育施設の保育者に期待されていること　　22
② 幼稚園・保育所・認定こども園の1日とクラス担任の職務内容　　25

第3章　クラス担任の仕事を知る　　37

① 日々の保育実践　　37
② 保護者との関係の構築　　44
③ クラス経営に関わる事務と園務分掌　　44
④ クラス担任の仕事　　46

第2部　保育者としての実践力を磨く

第4章　人間関係の育ちとクラス経営　　52

① 集団における子どもの育ち　　52
② クラス経営の計画と評価　　55

第 5 章　特別な支援の必要な子どもとその対応　62

① 障害のある子どもの受け入れのポイント …………………………………… 62
② 地域の専門機関との連携 ……………………………………………………… 67
③ 個別の（教育）支援計画と個別の指導計画 ………………………………… 67
④ 外国籍の子どもなどの受け入れのポイント ………………………………… 69

第 6 章　保護者との関係構築　75

① 保護者との連携の意義 ………………………………………………………… 75
② 保護者との連携の具体的な取り組み ………………………………………… 76

第 7 章　地域の子育て支援　87

① なぜ子育てを社会が支援するのか …………………………………………… 87
② さまざまな場の特性を活かした子育て支援事業 …………………………… 91
③ 日本の子育て支援の課題 ……………………………………………………… 93

第 8 章　健康な園生活をつくる　99

① アレルギー ……………………………………………………………………… 99
② 食育 ……………………………………………………………………………… 101
③ 午睡 ……………………………………………………………………………… 103
④ 感染症 …………………………………………………………………………… 105

第 9 章　安全な園生活をつくる　112

① 幼稚園，保育所，認定こども園における
　安全に関する指導の根拠となる法令など …………………………………… 112
② 学校安全の考え方 ……………………………………………………………… 113
③ 学校安全の領域 ………………………………………………………………… 116
④ 学校安全計画の作成と実施 …………………………………………………… 117
⑤ 災害への備え・危機管理 ……………………………………………………… 120

第 3 部　保育者の専門性を向上させる

第10章　教材研究する力をつける　128

① 教材研究とは …………………………………………………………………… 128
② 教材研究を振り返る …………………………………………………………… 129
③ 教材研究に取り組む …………………………………………………………… 133

第11章　ICTを活用する力をつける　137

① ICTの必要性 …………………………………………………… 137
② ICT活用で大切なこと ………………………………………… 138
③ ICTを幼児とともに活用する ………………………………… 139
④ ICTを活用した仕事の効率化 ………………………………… 140
⑤ 保護者や地域社会との連携・情報発信としてのICTの活用 … 141
⑥ ワーク実践例 …………………………………………………… 141

第12章　保育記録を書く力をつける　147

① 自らの保育記録を振り返る …………………………………… 147
② 保育記録の意義 ………………………………………………… 148
③ 保育記録の実際
　　──目的に応じたさまざまな保育記録を学ぶ ……………… 149
④ 保育記録の工夫と活かし方 …………………………………… 153
⑤ 要録の意義と作成のポイント ………………………………… 153

第13章　園評価の意義を知り教職員の一員として参加する　157

① 園評価の状況「幼稚園，保育所，幼保連携型認定こども園における園評価」… 157
② 園評価の実例 …………………………………………………… 160

第14章　研修を通して学ぶ　166

① 研修についての事前学習 ……………………………………… 166
② 研修の意義 ……………………………………………………… 168
③ 園内研修の実際 ………………………………………………… 171
④ 園外研修の実際 ………………………………………………… 172

第15章　現代的な課題への対応　179

① 小学校教育との連携の推進 …………………………………… 179
② 『OECD保育の質向上白書
　　──人生の始まりこそ力強く：ECECのツールボックス』のメッセージ … 185
③ 『学習の本質──研究の活用から実践へ』のメッセージ ……… 188

参考文献 …………………………………………………………… 195
索引 ………………………………………………………………… 198
編者，執筆者一覧

序 章 保育・教職実践演習で学ぶこと

① 保育者としてスタートする前に

1 ■ 保育・教職実践演習の趣旨

　保育・教職実践演習は，保育士養成課程や幼稚園教諭養成課程において，保育士資格，幼稚園教諭免許状の取得を目指し，保育実習や幼稚園教育実習を終了した学生を対象に実施される科目である。中央教育審議会「今後の教員養成・免許制度の在り方について（答申）」（2006（平成18）年）では，教職課程に新しく教職実践演習を導入するにあたり，各課程認定大学などにおける全学年を通じた「学びの軌跡の集大成」について位置づけるよう提案し，以下のように述べている。

> 教職実践演習は，教職課程の他の授業科目の履修や教職課程外での様々な活動を通じて，学生が身に付けた資質能力が，<u>教員として最小限必要な資質能力として有機的に統合され，形成されたか</u>について，課程認定大学が自らの養成する教員像や到達目標等に照らして最終的に確認するものであり，いわば<u>全学年を通じた「学びの軌跡の集大成」として位置</u>付けられるものである。学生はこの科目の履修を通じて，将来，教員になる上で，自己にとって<u>何が課題であるのかを自覚</u>し，必要に応じて<u>不足している知識や技能等を補い，その定着を図ること</u>により，教職生活をより円滑にスタートできるようになることが期待される。
>
> （下線筆者。一部改変）

　教職実践演習において大切にしたいことの1つめは，「教員として最小限必要な資質能力として有機的に統合され，形成されたか」を確認することである。つまり，教員としての必要な資質能力は，全学年のさまざまな学修活動を通して，かつそれらが相互に関連し有機的につながるなかで培われていく。たとえば，初年次の教職論で，教員の仕事の概要を学んだうえで，次の段階で5領域にわたるさまざまな指導法を受講し，教員としての基本的な姿勢や環境の構成，子どもとの関わり方などを学び，教員の具体的な役割や仕事を理解していく。さらにそれらをもとに教育実習を行い，教員として身につけなければならない資質能力について体験を通して身につけていく。

教職実践演習では，これら初年次からの全課程を振り返り，自ら教員として身につけるべき資質能力が定着しているかどうかを把握することになる。それは，単に単位が取得できているか否かのチェックではなく，教員としての役割や仕事，資質能力やその向上についての理解がどのように深まってきているのか，また自らの課題は何かを把握することである。いわば，教職実践演習において，全学年を通した「学びの軌跡の集大成」を行っていくことになる。

　教職実践演習において大切にしたいことの2つめは，「学びの軌跡の集大成」を行ったうえで，学生が自らの課題を自覚し，その課題を乗り越えるためにどうしたらよいかについて考えていくことである。しかし，幼稚園，保育所，認定こども園等（以下，「園」という）の実習などで実際の保育に参加してみると，いろいろなことに戸惑うので，あれもこれもが課題として受けとめられてしまうこともあり，自らの課題を抽出できないでいるケースがある。また，その課題を解決するために何をどうするかについて，具体的にイメージできないことも多い。このため，単に履修カルテを振り返るだけでは，自らがもっている教員としての資質能力を客観視していくことはむずかしい。教職課程を学び始めた初年次の頃を思い出しながら，「この分野は力がついてきたが，この分野については，知識や技能が十分ではない」など，履修してきた科目ごと，あるいは教員として求められる資質能力の項目ごとに細かくチェックしながら課題を見出し，そのための解決策を考えていく必要がある。

　なお，保育士養成課程においても，全学年を通して学んできたことについて振り返り，集大成していく保育実践演習が実施されている。おそらく，保育者養成校で学んでいる学生の多くは，保育士資格と幼稚園教諭免許状の両方の資格・免許を取得すると思われる。このため，保育・教職実践演習として，学生一人一人が保育士養成課程と幼稚園教諭養成課程の両課程で学んできたことを振り返るとともに，保育者として独り立ちするために必要な資質能力を確認したうえで，さらに何を学び修得していったらよいかについては，保育士養成課程と幼稚園教諭養成課程，さらには幼保一体化施設の増加をふまえ，保育教諭の養成課程をも視野に入れて考えていくことが求められる。

2 ■ 保育者としての心構えをつくる

　本講義を受講している学生の多くは，来年4月には，園の保育者になることがすでに決まっていて，保育者として働くことの喜びや期待に胸をふくらませているだろう。しかし，一方では「クラス担任として，子どもとうまくやっていけるだろうか」「保護者とのコミュニケーションはどうか」「職場の一員として仕事をうまくできるだろうか」など，不安やプレッシャーを感じているだろう。しかし，こうした不安やプ

レッシャーは，職業人としてスタートする際には，だれしもが抱えることである。養成課程の最終段階で大切なことは，これらの不安やプレッシャーに対して，4月から担任する子どもやその保護者，教職員などとふれ合うなかで少しずつ解決し，保育者として一人前になっていくための心構えをつくることではないかと考える。

このため，保育・教職実践演習で取り上げる授業内容では，保育者として仕事に就いて当面課題となるだろうと思われる事柄を取り上げ，それらに対応するために必要な知識や理解を深める必要がある。たとえば，担任としての仕事や教材研究，学校安全，保健などに関わる内容である。またグループワークなどを通して，協働的な問題解決を体験しながら，保育に対するさまざまな見方や考え方があることを理解するとともに，自分の考えをまとめる，互いの意見を調整しながらよりよい解決策を見出すプロセスを体験していくことも必要ではないかと考える。

ただし，養成課程の段階では，実践的な課題の解決を学ぶことには限りがあると言わざるを得ない。したがって，園を参観したり，現職の教職員の話を聞いたり，地域の子育て支援事業にボランティアとして参加したりして，さまざまな機会を通して実践の場の情報を得て，受講者一人一人が職業人としての保育者の意識を育てていくことを大切にしたい。

保育・教職実践演習では，保育実践の問題を抱えたときに，その問題を解決するために何が必要なのか，自分はどう行動したらよいのか，また1人で対応できない問題についてはどのような形で支援を求めていくことができるのかなど，課題解決に向けて自ら考えて行動できる保育者になるために必要な情報を得て，保育者となる心構えをつくっていくことが大切である。

 授業方法の工夫

1 ■ 履修カルテの活用

保育・教職実践演習は，教員免許状取得や保育士資格取得の必修科目として，義務づけられているものである。この科目は，これまで学んできたことを振り返り，幼稚園教諭や保育士になるためには，自分にとって何が課題であるのかを自覚し，必要に応じて不足している知識や技能等を補い実践力を身につけていくことを目的としている。このため授業では，「履修カルテ」の活用をしている。

履修カルテは教職課程のはじめの段階で作成し，毎学年ごとに学修状況を書き込みながら学びの過程を記録し，最終段階で，学生が自ら履修カルテを振り返り，自らの課題を自覚したうえで受講することとなっている。

各大学や短期大学などのカリキュラムにより，履修カルテの形式や記入の仕方は異なるが，多くの場合，1年生からの教職関連科目の履修状況を把握する〈教職関連科目の履修状況〉と，各年度修了時に各学生が，必要な資質能力について自己評価を記入する〈自己評価シート〉から構成されている。いずれも，保育・教職実践演習の開講にあたっては，受講者一人一人が，入学から当該年度までの教職や保育職のカリキュラムの履修状況を振り返り，「自分は，どのような学修をしてきたのか」「どのような成績をおさめているのか」「これから保育者として独り立ちをしていくためには，何が課題か」などが確認できるように，自分の課題を整理し，保育・教職実践演習で学ぶことを確認することから始まる。

　また，保育士資格養成課程における保育実践演習については，「指定保育士養成施設の指定及び運営の基準について」（令和6年9月27日こ成基第182号）では，以下のことが通知されているので参照してほしい。

＜教科目名＞　保育実践演習（演習・2単位）

＜目標＞

1. 指定保育士養成施設における教育課程の全体を通して，保育士として必要な保育に関する専門的知識及び技術，幅広く深い教養及び総合的な判断力，専門職としての倫理観等が習得，形成されたか，自らの学びを振り返り把握する。

2. 保育実習等を通じた自らの体験や収集した情報に基づき，保育に関する現代的課題についての現状を分析し，その課題への対応として保育士，保育の現場，地域，社会に求められることは何か，多様な視点から考察する力を習得する。

3. 1及び2を踏まえ，自己の課題を明確化し，保育の実践に際して必要となる基礎的な資質・能力の定着をさせる。

＜内容＞

1. 学びの振り返り

　　グループ討論，ロールプレイング等の授業方法を活用し，以下の①〜④の観点を中心に，これまでの自らの学びを，保育実習等における体験と結びつけながら振り返る。

　① 保育士の意義や役割，職務内容，子どもに対する責任，倫理

　② 社会性，対人関係能力

　③ 子どもやその家庭の理解，職員間の連携，関係機関との連携

　④ 保育や子育て家庭に対する支援の展開

2. 保育に関する現代的課題の分析に基づく探究
　　グループワークや研究発表，討論等により，保育に関わる今日の社会的
　状況等の課題について自ら問いを立て，その要因や背景，課題解決の方向
　性及びその具体的内容や方法等について検討する。
3. 1及び2を踏まえて，自身の習得した知識・技術等と保育に関する現代的
　課題等から，自己の課題を把握する。
　　その上で，目指す保育士像や今後に向けて取り組むべきこと及びその具
　体的な手段や方法等を明確化する。

2 ■ ロールプレイやグループワークなどの演習を取り入れること

　2つめは，実践的な課題に沿ってロールプレイやグループワークなどを取り入れて
演習方式で進めることである。
　実際にロールプレイを行うと，「子どもの立場になってみる」あるいは「保護者の
立場になってみる」「ほかの保育者の立場になってみる」など，自分とは異なる立場
になってみることで，改めて気づくことは多い。
　たとえば，子どもとの関わりで悩んでいたときに，その子どもの立場に立つとどう
だろうか。保育者の思いや言葉は伝わっていなかったかもしれないことに気づく。あ
るいは保護者の立場に立つとどうだろうか。保護者からすると「保育者のわが子に対
する配慮」が，さらなる子育て不安を抱くかもしれない。立場により問題の本質の見
え方が異なってくることに気づく。
　保育のなかで生じる多くの問題の解決では，子どもについて多面的な理解が必要と
なる。そのため，このようなロールプレイを通して気づいていく多面的な子ども理解
をベースにして，問題解決に多様なアプローチができる力を身につけていくことが大
切である。
　また，保育実践上の問題の解決のための話し合いでは，保育者一人一人の専門性を
活かして保育者間で互いの見方や考え方を交流させていくことが必要となる。たとえ
ば，ある子どもに対し担任は，はじめは「関わりがむずかしい子ども」と理解してい
たが，前担任からみると「1年間のその子なりの一歩」と読みとっていることを知
る。あるいは入園から修了までの発達と保育を見通している園長や主任の立場での意
見からは，一見マイナスにみえる子どもの姿のなかにある発達しようとする姿を知る
ことになる。担任は，保育者間での話し合いを通して，子ども理解を広げ，深めてい
く。まさに，グループ協議を通して，保育のなかで起こる問題についてほかの保育者
と協働して問題を解決する力を身につけてほしい。

❸ 保育者の資質向上と本書の活用

1 ■ これからの時代を担う保育者に求められる資質能力

　中央教育審議会「これからの学校教育を担う教員の資質能力の向上について～学び合い，高め合う教員育成コミュニティの構築に向けて～（答申）」（2015（平成27）年）では，「これまで教員として不易とされてきた資質能力に加え，自律的に学ぶ姿勢を持ち，時代の変化や自らのキャリアステージに応じて求められる資質能力を生涯にわたって高めていくことのできる力や，情報を適切に収集し，選択し，活用する能力や知識を有機的に結びつけ構造化する力などが必要である」と述べ，「養成段階は『教員となる際に必要な最低限の基礎的・基盤的な学修』を行う段階であることを認識する必要がある」こと，また「実践的指導力の基礎の育成に資するとともに，教職課程の学生に自らの教員としての適性を考えさせる機会として，学校現場や教職を体験させる機会を充実させることが必要である」ことを提言している。この答申後，これからの時代に求められる教師像に沿って，コアカリキュラムを中心とする新しい教職課程に示された。

2 ■ 「保育者としての自分」の課題

　新しい教職課程においても教職実践演習は，養成課程の最終段階と現職での第一歩を踏み出す前に設定され，養成段階から採用，現職段階への一通過点として位置づいている。確かに養成段階としては，幼稚園教諭免許状や保育士資格を取得して修了だが，保育者としてはこれから専門性を高めていくスタートにある。幼稚園教諭免許状や保育士資格があるということは，公的にはその職に就くことはできるが，必ずしも「専門家である」とは言い切れない。幼稚園教諭や保育士としての研鑽を積みはじめて専門家となっていくので，今後いかにしてキャリアアップしていくかが重要である。

　そのためには，機会があるごとに「保育者としての自分」を振り返り，自分がもっている資質や可能性，あるいは課題を理解することが大切である。その際の問題は，その都度の自分に対する評価結果ではない。保育者として仕事を続けていくなかで，「保育者としての自分」の評価がどう変化，変容していくかである。

　履修カルテを学年進行で同じ項目について評価していくと，たとえば「一人一人に応じる」という項目について，初年次は高い評価をしていたのに，最終年はそれより低い評価をしている場合がある。学生にたずねると，はじめは「できている」つもり

だったけれど，授業を重ね実習にいくと「なかなか一人一人に応じられない」という現実に直面し，「まだまだうまくできないと思い，評価を下げた」と答えていた。

それはもっともなことであり，「保育者としての自分」を観る目がより確かなものになってきたのではないかと思う。つまり，より専門性を磨くためにどうするかという，課題に向けての解決が具体的になってきたことでもある。

3 ■ 本書の活用

以上のことをふまえ，本書は，保育者としてさまざまな経験を積みながら，自ら課題解決に向けて考え行動できる力が育つように，これまで保育者養成校で学修してきたことを整理し，保育現場に活かしていけることを目指して，基本的に【これまで学んできたこと　保育・教職実践演習で学ぶこと】【基礎的理解の解説】【ワークとその解説】【演習問題】の4つの内容・構成としている。

保育・教職実践演習を学ぶ学生たちが，各章の学修を進めながら，自ら学ぶ姿勢を身につけ，今後保育者として成長していくことを期待したい。

> **演習問題** **今の自分を振り返り，学びたい内容を話し合ってみよう**
>
> **問1** 自分の履修カルテを振り返り，「保育者としての自分」の資質能力について，まとめてみよう。
>
> **問2** 「保育・教職実践演習」の趣旨を確認し，この授業でどのようなことを学んでいきたいか話し合ってみよう。

第 1 部

保育者の
職務内容を知る

第1章 保育者に求められる資質能力を知る

本章で学ぶこと

これまでに，幼稚園教諭免許状や保育士資格を取得するために，教職員や保育者としてのありようや，5領域の教育内容に関する専門知識を学び，その指導方法や指導計画の立案などを学んできたことと思う。

幼稚園教諭や保育教諭，保育士として社会に出る前に，ここでは改めて私たちに求められている資質能力について考える。保育者に必要な資質能力を知り，自ら学ぶ姿勢をもち，保育をめぐるさまざまな課題に周りの教職員と協働して対応していけるような保育者となりたい。保育者の力量はそのまま保育の質となる。キャリアに合わせて学び続ける私たちの存在が，保育の質の向上につながっていくのである。

1 保育者として生きていく

多くの学生は，「子どもが好き」「子どもに関わる仕事に就きたい」という希望をもって，養成校に入学してきたことだろう。これまでの授業や実習などの学びを通して，自分の道を「保育者として生きていく」と定められただろうか。

保育者になると，これから先，たくさんの子どもと保護者，同僚と出会っていくことになる。まず何よりも，子どもが成長していくことに自分が関わることのできる喜びがあり，それを保護者とともに分かち合える喜びがある。園という場所は，そこに存在する子どもと保護者，保育者の三者が，関わりを通してともに育ち合う世界なのである。人格の基礎を培う時期に関わる保育者という職業は，未来を創る仕事でもある。私たちが未来を創っているのだという誇りをもち，子どもが主体的に遊ぶことを保育の中核においた理想の教育を実現してほしい。

保育者は，子どもにとって園生活のよりどころであり，価値判断の基準であり，新しい世界を広げる存在でもある。園で保育者とともに遊びや生活を進めていくことを通して，子どもはいろいろなものや出来事と出会い，周囲の人とのつながりを深めていく。したがって子どもにとって最大の教育環境は，保育者の存在であるといえる。よりよい人的環境として存在し，子どもや保護者から信頼される保育者となるために，保育者として必要な資質能力を身につけていく必要がある。

求められる資質能力

　保育者に求められる資質能力には，いつの時代にも変わらない不易のものと，時代の要請や社会の変化にともなって求められるようになったものがある。使命感や責任感，高い専門性や総合的な人間力が求められるのは不易のものとして当然である。また，時代の変化に対応できる力や保育者自身の学び続ける力，組織的・協働的に新たな教育課題を解決していく力などが示され，求められる役割も広がってきている。さらに，こうした役割を果たせるような保育者の資質能力を向上させていくためのさまざまな研修についても提言されている。

　保育者の資質がどのように示されてきたのかを，中央教育審議会答申などに示されている教師像から選んでまとめたものが表1-1である。20世紀の終わりから21世紀にかけて学力観も変化し教育改革が進められるなかで，当然のことながら教師像や保育者像も多様性が求められてきている。自分の強みや得意分野を活かして，組織のなかで協働しながらよりよい保育を構築していく実践力がますます必要とされている。

具体的な園生活の場面にみられる保育者の資質能力

　次の記録は，12月初旬のある園の1日の様子を抜粋したものである。ここから，保育者に必要な資質能力をみていく。

> 　4歳児の保育室では，空き箱でつくった車を走らせるための斜面を積み木でつくっていた。トンネルを抜けて走る構成の積み木は，一部が崩れそうで危ない。保育者は安全を配慮してバランスを保つ組み方を援助する①が，子どもは元の構成に戻してしまう。保育者の援助した構成と子どもの思いがずれている②ことに気づいた園長は，別の場所から短い板を探してきて「これ使えないかな」と保育者に提案する③。短い板を利用して再構成する④と危ない状況が解決し，子どもが納得した積み木の構成ができた。すると，そこからさらに新しい斜面をつくるなど遊びが続いていった。
> 　5歳児では，人形劇をつくって遊んでいた4人の女児が，クラス（学級）の友だちにそれを見てもらう機会を得て演じていた。カラービニール袋で立

| 表1-1 | 中央教育審議会などが求めた教師像や教員の資質 |

文科省施策の文書など		教師像や教員の資質について
1997（平成9）年	教育職員養成審議会「新たな時代に向けた教員養成の改善方策について（第一次答申）」	①地球的視野に立って行動するための資質能力 ・地球，国家，人間等に対する理解　・豊かな人間性 ・国際社会で必要とされる基本的な資質能力 ②変化の時代を生きる社会人に求められる資質能力 ・課題解決能力　・人間関係に係る資質能力 ・社会の変化に適応するための知識及び技能 ③教員の職務から必然的に求められる資質能力 ・幼児，児童，生徒や教育のあり方についての適切な理解 ・教職への愛着，誇り，一体感 ・教科指導，生徒指導のための知識，技能及び態度
2012（平成24）年	中央教育審議会「教職生活の全体を通じた教員の資質能力の総合的な向上方策について（答申）」	①教職に対する責任感，探求力，教職生活全体を通じて自主的に学び続ける力 ・使命感　・責任感　・教育的愛情 ②専門職としての高度な知識・技能 ・教科や教職に関する高度な専門的知識 ・新たな学びを展開できる実践的指導力 ・教科指導，生徒指導，学級経営等を的確に実践できる力 ③総合的な人間力 ・豊かな人間性や社会性　・コミュニケーション力 ・同僚とチームで対応する力 ・地域や社会の多様な組織等と連携・協働する力
2015（平成27）年	中央教育審議会「これからの学校教育を担う教員の資質能力の向上について～学び合い，高め合う教員育成コミュニティの構築に向けて～（答申）」	①不易とされる資質能力に加え，自律的に学ぶ姿勢 ・時代の変化や自らのキャリアステージに応じて求められる資質能力を生涯にわたって高めていくことのできる力 ・情報を適切に収集し，選択し，活用する能力 ・知識を有機的に結びつけ構造化する力 ②新たな課題に対応できる力 ・アクティブラーニングの視点からの授業改善・ICTの活用 ・発達障害を含む特別な支援を必要とする児童等への対応 ③組織的・協働的に諸課題の解決に取り組む力 ・「チーム学校」として運営，活動する力 ・得意分野を活かして同僚と協働する力 ・家庭や地域，社会の多様な人材と連携する力
2021（令和3）年	中央教育審議会初等中等教育分科会「『令和の日本型学校教育』の構築を目指して～全ての子供たちの可能性を引き出す，個別最適な学びと，協働的な学びの実現～（答申）」	幼児教育を担う人材の確保・資質及び専門性の向上 ①処遇改善をはじめとした人材の確保 ・処遇改善等の実施　・大学等と連携した新規採用 ・離職防止，定着　・再就職促進等の総合的な人材確保策 ②研修の充実等による資質の向上 ・構造化した効果的な研修を実施 ・各職階，役割に応じた研修体系 ・キャリアステージごとの研修機会確保 ③教職員の専門性の向上 ・上位免許状の取得促進 ・小学校教諭免許状や保育士資格の併有促進 ・特別な配慮を必要とする幼児への支援

体的につくられた動物⑤を動かしながら,自分たちで考えたストーリーを話す。保育者が他児にどうだったかたずねると「かわいかった」「おもしろかった」「早かった」など,次々に感想が出てくる。「もっと続きが見たい」という友だちの声が,4人の女児の自信と,続きのお話を考えようという意欲につながっていった⑥。家から出かけた動物が,森を通ってお城に着き,果物をもらって帰るというお話だったことを受けて,家に帰ったあとのお話もつくろうと,次の遊びのめあてを見出すクラス活動の時間⑦となった。

　3歳児の保育室からは,手遊び歌が聞こえてくる。歌詞の一部を変えながら,「♪マスクはどこだ?」「♪上履きはどこだ?」と楽しく身支度の確認をしながら全員がそろうのを待っている⑧。頃合いをみて「♪Y先生はどこだ?」と子どもの注目を変えた先には,水栽培のヒヤシンスが置いてある。黒い画用紙でおおわれて見えていなかったものを,2人の保育者が「いっせーのせ!」とあける⑨と,「ラーメンみたい!」「たまねぎだー!」とヒヤシンスの根が伸びている様子⑩に子どもたちは歓声を上げる。降園時には,今日1日の保育の様子を記録したホワイトボードを保護者に掲示し,一人一人の本日の様子も伝達しながら⑪保護者に引き渡していた。

　保育後は園内研究会が予定されていた⑫。参加できる保育者全員が対象場面となっていた子どもの姿を記録用紙にまとめ,そこで育まれていた子どもの資質能力と環境のポイントを考える⑬。副園長が推進役,中堅保育者が記録役となって研究会を進行⑭しながら,それぞれの考えや意見を出し合い,子どもの主体的に学ぶ姿勢が遊びを通してどのように培われていくのかを,園全体の教育課程と重ねながらまとめていこう⑮と試みている。園内研究会が終わると,今日の反省評価をふまえて,子どものために教材準備に励む保育者の姿があった⑯。

杉並区立西荻北子供園の園内研修の1日から

園内研究会で事例を出し合い検討する

保育後に担任同士で子どもの姿を振り返り記録にまとめる

写真1-1 ●杉並区立西荻北子供園／東京都

1 ■ 保育者として不易とされる資質能力

　積み木の構成の仕方について安全に遊ぶことができるよう指導する力（①）や，子どものやろうとしていることを適切に理解して（②）環境を再構成する力（④），立体的に人形をつくる教材を工夫する力（⑤）が，保育を構想し実現している。また，クラス経営のなかに個別の遊びを位置づけて，一人一人のよさや可能性を活かして（⑥⑦）活動を豊かにする援助をしていた。手遊びをしながら巧みに身支度の確認をする様子からは，教材の理解や保育技術（⑧）を感じさせられる。子どもが自分で生活していこうとする姿を信じて待ち，見守っている根本にあるのは，教育的な愛情であろう。水栽培では，ヒヤシンスの生長に気づかせ，興味や関心をもたせる（⑩）など，5領域の教育内容に関する専門的知識（⑩）がうかがえる。保護者との連携方法を工夫し（⑪）コミュニケーションを図ったり，同僚や園の教職員で協働したりしながら（③⑨），実践的な指導力を発揮していた。保育者としての使命感や責任感があるからこそ，翌日の保育や教材準備に労をいとわない姿（⑯）がみられるのだと思う。

　このような，子ども理解と環境の構成・再構成，教材研究などの実践力や，専門的知識，コミュニケーション能力，保育者としての使命感や責任感，教育的愛情などが，保育者として不易とされる資質能力である。

2 ■ 新たな課題に対応できる力

　4人の女児の人形劇をクラスのなかで位置づけ，周りの子どもからの認めや考えを取り入れることで（⑥⑦），「主体的・対話的で深い学び」へと誘っている。園内研究会では対象場面の遊びの観察から，「幼児期に育みたい資質能力」がどのようにみられたのかを読みとり，そのための環境のポイントを考える（⑬）など，幼児期の教育を充実させるための新たな視点から対応している。さらに，事例を通して明らかにしたことを，園全体の教育課程の見直しにつなげようとしている（⑮）ことは，カリキュラムマネジメントに参画し，自園の保育をよりよいものへと進めていく力といえる。

　このように研究的な視点から実践を読み解く園内研究会（⑫）で自律的に学ぶことから，新しい教育課題に対応していく力が養われていることがわかる。

3 ■ 組織的・協働的に諸問題を解決する力

　自分のクラスに責任をもちながらも，保育者1人ですべてを抱えるのではなく，同

僚と協働してよりよい実践をしていこうとする姿（③⑧⑨⑫）がみられる。園内研究会では，自分のみた子ども理解と読みとりを一人一人が語れるようにし（⑬），研究を推進するためにそれぞれの保育者が自分の役割を果たしている（⑭）。このような力は，「チーム学校」として運営する力であり，得意分野を活かして同僚と協働する力，家庭や地域社会の多様な人材と連携する力によって，諸課題を解決していく力となる。

4 資質・専門性を向上させるために自律的に学び続ける

　表1-1の最下段に載せているが，「『令和の日本型学校教育』の構築を目指して～全ての子供たちの可能性を引き出す，個別最適な学びと，協働的な学びの実現～（答申）」に示されているように，子ども一人一人の個別最適な学びと協働的な学びの実現のために，キャリアステージに応じた研修機会の確保が資質向上に欠かせない。効果的な研修を実施するために，研修の体系化や構造化が課題となっており，幼児教育を担う教職員に求められる資質能力（表1-2）を，さまざまな研修を通して向上させる必要がある。

　表1-3は，2017（平成29）年に厚生労働省から通知された「保育士等キャリアアップ研修ガイドライン」から，研修分野と内容をまとめたものである。また，同通知に保育士の研修については表1-4のように記されている。

表1-2 幼児教育を担う教職員に求められる資質能力

大項目	中項目	小項目 37の具体的な視点
幼児教育を担う教職員に求められる資質能力		
幼児教育の質向上のための実践的指導力	A．幼児を理解し一人一人に応じる力	(1)温かなまなざしをもって子供をみる力 (2)子供が経験し学んでいることを読み取る力 (3)指導の過程を振り返る力・省察力 (4)その子らしさを捉え，寄り添う力 (5)子供の活動を予想する力
	B．保育を構想する力	(6)「生きる力」の理念を具体的に語る力 (7)幼児期にふさわしい生活を通して発達していく姿を見通す力 (8)ねらいと内容の組織化を図り，教育の道筋をつくっていく力 (9)園や学級，子供の実態から保育を構想し，指導計画を作成する力 (10)子供にとっての環境の意味を捉え，よりよい環境をデザインしていく力 (11)指導計画の評価から，次の指導計画を作成する力
	C．豊かな体験を創り出す力	(12)子供と共に楽しむみずみずしい感性 (13)発達を紡ぎだす領域の本質を理解する力 (14)教材のもつ可能性を見いだして，活動を豊かにする力 (15)指導の過程を振り返り，よりよい実践を追究する力 (16)園の特色を生かした園環境をデザインする力 (17)子供の生活に即した行事を創り出す力 (18)安定し学び合う学級を形成する力
	D．特別な配慮を必要とする子供を理解し支援する力	(19)人としての尊厳を尊重する姿勢 (20)特別な配慮を必要とする子供に関する知識を実践に生かす力 (21)個に応じた適切な支援を実践する力 (22)組織として適切な支援を推進する力 (23)保護者との関係及び関係機関との連携を推進する力
連携を推進する力	E．他と連携し，協働する力	(24)相手を尊重し，互恵的に関わり合う力 (25)組織の目的を理解し，自分の資質能力を発揮する力 (26)人間関係を調整し，よりよい関係を構築する力 (27)他との関係を維持改善できるコミュニケーション力 (28)幼児教育を分かりやすく発信する力 (29)異なる専門性をもつ人と協働し，幼児教育の専門性を高める力 (30)幼児教育や子育ての支援等，教育・保育に関わる必要な情報を選択収集・整理する力
よりよい園運営のためのマネジメント力	F．カリキュラム・マネジメント	(31)幼児教育の質向上を目指して保育の実践を重ねようとする力 (32)幼児期の教育の実践の構造（PDCA サイクル）を理解し，教育活動の質の向上を図る力 (33)教育理念や目指す幼児像，発達の過程，指導内容等を踏まえ，全体としてまとまりのある計画を作成する力 (34)園長のリーダーシップの下，教職員で組織的・計画的にカリキュラム・マネジメントを推進する力
	G．自ら学ぶ姿勢と教師としての成長（リーダーシップを含む）	(35)自分らしさを生かしたキャリアを形成する力 (36)協働的な組織をつくり，推進する力 (37)教育理念とビジョンを明確にもち，実現を目指して運営する力

資料：保育教諭養成課程研究会「幼稚園教諭や幼児教育アドバイザー等の幼児教育関係者を対象とした研修の在り方 幼児教育を担う教職員のための育成指標作成ガイドブック」令和5年度文部科学省委託研究，2024，p.29

表1-3 保育士等キャリアアップ研修の分野及び内容

研修分野		内容
専門分野別研修	①乳児保育	・乳児保育の意義　・乳児保育の環境　・乳児への適切な関わり　・乳児の発達に応じた保育内容　・乳児保育の指導計画，記録及び評価
	②幼児教育	・幼児教育の意義　・幼児教育の環境　・幼児の発達に応じた保育内容　・幼児教育の指導計画，記録及び評価　・小学校との接続
	③障害児保育	・障害の理解　・障害児保育の環境　・障害児の発達の援助　・家庭及び関係機関との連携　・障害児保育の指導計画，記録及び評価
	④食育・アレルギー対応	・栄養に関する基礎知識　・食育計画の作成と活用　・アレルギー疾患の理解　・保育所における食事の提供ガイドライン　・保育所におけるアレルギー対応ガイドライン
	⑤保健衛生・安全対策	・保健計画の作成と活用　・事故防止及び健康安全管理　・保育所における感染症対策ガイドライン　・保育の場において血液を介して感染する病気を防止するためのガイドライン　・教育・保育施設等における事故防止及び事故発生時の対応のためのガイドライン
	⑥保護者支援・子育て支援	・保護者支援・子育て支援の意義　・保護者に対する相談援助　・地域における子育て支援　・虐待予防　・関係機関との連携，地域資源の活用
マネジメント研修		・マネジメントの理解　・リーダーシップ　・組織目標の設定　・人材育成　・働きやすい環境づくり
保育実践研修		・保育における環境構成　・子どもとの関わり方　・身体を使った遊び　・言葉・音楽を使った遊び　・物を使った遊び

資料：厚生労働省「保育士等キャリアアップ研修ガイドライン」

表1-4 保育士の研修について

○保育現場においては，園長，主任保育士の下で，初任後から中堅までの職員が，多様な課題への対応や若手の指導等を行うリーダー的な役割を与えられて職務にあたっており，こうした職務内容に応じた専門性の向上を図るため，研修機会を充実させることが重要。
○保育現場におけるリーダー的職員の育成に関する研修について，一定の水準を確保するため，研修の内容や研修の実施方法など，必要な事項を定めるガイドラインを策定。

資料：厚生労働省「保育士等キャリアアップ研修ガイドライン」をもとに筆者作成

| Work | 保育者に求められる資質能力を考えよう |

次の資料「保健室で過ごす困った生徒」は，中学校教員の悩み相談である。読んだあと，ワークシートのQ1からQ4までの問いに取り組んでみよう。

注）客観的に考えてみることができるよう，あえて園の事例ではなく，中学校の事例を取り上げている。

資料 「保健室で過ごす困った生徒」

中学校教諭になって10年になります。実は，自分のクラスに困った生徒がいて悩んでいます。

ほかのクラスにはこういう生徒はいないのですが，自分のクラスだけやっかいな問題のある生徒がいて，今年は運が悪いと思います。

その生徒は，学校に来てもすぐに保健室に行ってしまって，ベッドでゴロゴロと過ごし，時間をつぶしています。「なんだかお腹が痛い」「吐き気がする」「だるい」などと理由をつけて，怠けています。病院で診てもらったら，仮病だということがわかると思います。でも養護教諭がいる前で，なんとなくそれは言わないほうがいいかなと思ってがまんしています。そんな様子ですから，1日ずっと保健室で過ごして帰っていくことが多いのです。

養護教諭からは，「保健室の役割もあるので対応はしますが，任せっぱなしは困ります。担任の先生としてもこの生徒にどのように対応していこうと思っているのか，聞かせてほしい」と言われています。そう言われても，どうしていいのかわからないし，めんどくさいという気持ちになります。自分の子どもでもないし，どうせ何かしたってよくなるわけがありません。担任の自分を頼りにしないで，保健室にばかり行っていると思うと，腹が立つときもあります。困った生徒にどう対応していったらいいのか，わからないでいます。

ワークシート

Q1 内容を読むと，相談者には「教師として向いていない」点がある。あなたが感じた「教師として向いていない」点を書いてみよう。

Q2 これまでの学校生活のなかで，あなたが出会った教師について，次の2点をまとめてみよう。

① よい教師：そのように感じた理由

② 苦手な教師：そのように感じた理由

④ 資質・専門性を向上させるために自律的に学び続ける　　19

Q3 相談者が再び教師として子どもと向き合うためには「どのような力」が必要か。優れた教師にはどのような力が必要なのかを考えてみよう。

Q4 以上をふまえて，あなたが回答者となり，この「悩み相談」に返事をしてみよう。

解説 ○

解説1 ■ 教師としての使命感・責任感・教育的愛情をもてているか

　自分が関わる生徒に全力で向き合いたい。教師の役割は，生徒が成長する姿を支えることである。縁があって自分のクラスにいる生徒である。一人一人に愛情をもって対応することができないのであれば，信頼関係を築くことはむずかしい。もちろん教師も人間であるので，相性が悪い生徒もなかにはいる。セオリー通りの関わりでは相手に通じないこともあるだろう。人間同士の関わりは相互作用である。自分の思う通りに相手が動かないことでイライラしたり困ったりするのではなく，相手の成長を願い関わり続けていくことが，教師としての責任である。

解説2 ■ 子ども・児童・生徒理解に努めているか

「お腹が痛い」「だるい」という背景にある生徒の思いや，状況を汲みとる必要がある。自分勝手に時間をつぶしているととらえるのではなく，教室にいられない精神的なストレスや不安，悩みなどを理解できるように努めたい。まずは本人の申し出を受けとめ，寄り添うところから，少しずつ心を通い合わせられるようにしていきたい。

解説3 ■ 授業がわかる・やりたい遊びがあるなど学校・園が居場所になっているか

欠席することなく学校には来ていることを受けとめたい。教室よりも保健室が居場所となっているので，まずは担任から保健室を訪ね，そこでの様子を自分自身で確かめたり，そこで話を聞いたりしていくことが大切だろう。授業がわからずついていけない，友だち関係が希薄，教室には居場所がない，家庭環境がストレスになっているなど，本人も自覚していない原因があるかもしれない。

解説4 ■ 周囲の教職員と協働して問題に立ち向かっているか

対応がむずかしく困っている生徒の問題を学校内で共有し，いろいろな立場の教師と協働して問題解決に向かいたい。もちろん養護教諭との連携をはじめ，学年主任や管理職などに自分の悩みを開示することや，協力を仰ぐことも必要なことである。

演習問題 理想の保育者像をイメージし，保育実践や研修の目標を立ててみよう

問1 将来どのような保育者になりたいか，自分の理想とする保育者像を書いてみよう。また，どのような保育実践に力を入れて取り組みたいか，具体的に書いてみよう。

問2 表1-2を参照して，1から37までの小項目について，現在の自分が知っている知識や実践できる技能をまとめてみよう。また，保育者となってからまずはどのような内容の研修を受けていきたいか，目標を見つけてみよう。

---

④ 資質・専門性を向上させるために自律的に学び続ける　　21

第 2 章 職場を知る

本章で学ぶこと

幼児期の教育は環境を通して行う教育である。環境には物的環境と人的環境があり，人的環境の重要な部分を担っているのが教職員集団である。保育は保育者だけが担っているのではない。幼稚園，保育所，認定こども園等（以下，「園」という）にいるさまざまな役割を担う教職員一人一人が子どもの成長に貢献している。
本章では，具体例を通して園生活の実際をイメージしながら，就学前教育・保育施設の保育者に期待されていることのポイントを理解することを目的とする。

1 就学前教育・保育施設の保育者に期待されていること

1 ■ チーム園運営と組織の一員としての自覚

複数の保育者が協力して保育を行う理由は，以下の通りである。

1つめは，就学前教育は「環境による教育」であり，子どもの自発的な行動を大切にしているからである。子どもは身近な環境と出会い，自ら関わるなかで成長する。基本となるクラス（学級）に所属しているが，他クラスとの関わりも多くあり園全体で子どもを育てていくことが基本となっている。

2つめは，働きながら行う子育てが広がるなか，園の預かり保育を利用する保護者が増加していることがあげられる。園で長時間過ごす子どもを保育するためには，複数の保育者がチームを組む必要がある。保育所の保育ではチーム保育が基本であり，認定こども園や幼稚園の預かり保育でも，担当者が相互に協力し合うことが求められる。

3つめは，子どもの育ちを支えるためには，複数の目や刺激が必要だということがある。そのために，チーム保育は有効なのである。

以上のように，幼児期の教育においてチーム保育は大切なあり方になるが，それはただ複数の保育者がともにいる，ということをさすのではない。互いのあり方を理解し役割を分担することが必要なのである。

2 ■ 多様な勤務体制の保育者同士の協働を可能にするチーム保育

（1）主担当・副担当という役割を担い，協力してクラスを運営する

　クラス担任が2名以上いる場合，主担当，副担当という形で役割を決めることがある。年間を通して役割を固定する，週や月ごとに担当を交代するなど，いろいろなケースがある。主担当は，クラス指導を推進するリーダー的役割を担い，副担当は，主担当を補佐し，活動が豊かに展開するようにしたり，環境整備や教材準備を担ったりする。個別に支援を要する子どもへの対応を担当することもある。十分な打ち合わせと振り返りを行うことで，よいチームになっていく。

（2）活動によって担当を決める

　子どもに豊かな体験を提案するために，表現活動，音楽的な活動，自然との関わり，運動遊び，栽培活動など，それぞれの活動によって，担当を決めるやり方がある。保育者にはそれぞれの得意分野があり，それを最大限に活かせるように，活動別に担当者を決めていくやり方である。担当といっても，担当者がすべてを行うという意味ではなく，コーディネーター的な役割を担うと考えるのがふさわしい。

　たとえば，表現活動を担当する保育者が絵画表現の研究会などに参加し，そこで得た情報をもとに，用具をそろえダイナミックな活動を行うことが考えられる。自分の得意分野をもつことは，一人一人の自信につながる。自分の力を発揮し，同時にほかの保育者の力に感心する。このようにして保育者間に認め合い育ち合う関係が構築されることで，園全体に豊かな体験が広がっていくきっかけになると考える。

（3）ゆるやかに担当を決める

　乳児保育では，「ゆるやかな担当制」という言葉がある。「担当制」とは，0歳児保育などで愛着関係を形成するために，担当者を固定する方法である。特に食事の介助や寝つくための援助に効果がある。愛着関係の形成を目的とした担当制を基盤としながら，担当制という言葉の前に「ゆるやかな」がついたのには理由がある。たとえば，遊びの場面では子どもの動きに応じることが求められるため，担当しない子どもにも関わる必要が出てくる。その際に，担当ではないから関わらないのではなく，目の前にいる子どもの動きに合わせながら応じていくことが必要である。そこで「ゆるやかな担当制」という考えが出てきた。安定を基盤としながら広がりを感じさせる「ゆるやかな担当制」は，子どもの動きに応じて保育者同士が言葉を交わし，思いを共通にすることで成立する。互いを尊重し合う関わりが大切である。

① 就学前教育・保育施設の保育者に期待されていること　　23

3 ■ 一人一人に応じる指導を実現するために

（1）一人一人の情報を保育者間で共有する

　乳幼児施設では園全体で子どもを育てていく姿勢が基盤にあるため，子ども一人一人の情報を保育者間で共有することが必要になる。個人情報に関わる内容の取り扱いには十分注意したうえで，家庭環境，生育歴，園での様子などについて理解する。

（2）毎日の保育の振り返りを確実に行う

　一人一人に応じる指導を実現するためには，毎日の保育の振り返りを確実に行い，それぞれの子どもの姿について語り合い，理解する営みを積み重ねていく必要がある。複数の保育者が子どもを理解することで得られるのは，多様な理解である。それぞれの保育者の違いを認め合うことで，多様さが発揮されるようになる。保育が一面的な理解にならないように注意しながら，場面によって違う姿をみせる子どもについて語り合うことで，幅広い理解ができるようになっていく。

（3）子ども理解の幅を広げる園内研修を行う

　園全体で保育について振り返り学び合う園内研修は，保育の質の向上において欠かすことはできない。互いの保育を観察し合い，実際の子どもの姿について記録し，具体的な子どもの姿を報告し合いながら学び合う研修のなかで，子ども理解の幅を広げていくことが期待できる。そのためには，研修を推進する担当者が，一人一人に応じる保育の意義や方策について理解していることが必要になる。

4 ■ 乳幼児期から学童期へとつながる育ちの理解

　乳児は，未熟な状態で生まれる。そこだけをとらえると「受動的」な存在と思われるが，乳児の力強い産声からは，強い意志が感じられる。乳児は，小さな音に驚いたり，光のほうに目を向けたり，身近な環境の変化に敏感に反応する。まさに，人は誕生のそのときから能動的な存在だということがいえる。園によって在園する子どもの年齢や人数に違いがあり，園運営のあり方は一様ではない。しかし，それぞれの園には，共通する部分も多くある。その1つに，「乳幼児期から学童期へとつながる育ち」がある。幼稚園教育要領などに「幼児期の終わりまでに育ってほしい姿」として10の姿が示されている。その姿は，卒園間近に急に立ち現れるわけではない。0歳児のときから，家庭や園で大切に育まれていく。このことを理解し，日々の保育にあたることが大切である。乳幼児期から学童期へとつながる育ちについて全保育者が理解を共通にもち，担当年齢に応じた適切な保育を行っていくことが大切である。

幼稚園・保育所・認定こども園の1日とクラス担任の職務内容

1 ■ 幼稚園

（1）幼稚園の1日

　3～5歳児が在籍する3年保育の園で，教育標準時間（以下，「教育時間」という）は9時から14時，その前後に預かり保育を実施している幼稚園を想定した。預かり保育は非常勤の幼稚園教諭（以下，「教諭」という）が主に担当している。

> 8時～　登園開始：預かり保育の子ども

　預かり保育を担当する教諭が，子どもを迎える。少人数の保育になるので朝の保育を行う保育室に集まり，絵本を見たりおもちゃで遊んだりして過ごす。

> 8時30分～8時40分　朝の打ち合わせ：全員

　全教職員が出勤を完了する。預かり保育担当の教諭以外が職員室に集まり，朝の打ち合わせをする。各クラスの保育計画を伝え合い，必要な情報を共有し共通理解を図る。園長や主任から安全などについての情報が伝えられることもある。短時間だが1日を始める前の重要な時間である。

> 9時～14時　保育：全員

〈登園〉

　預かり保育を利用し，すでに登園している子どもと9時に登園してきた子どもが一緒になる。登園時には，一人一人の子どもの心身の状態を把握する。保護者と言葉を交わし，家庭での様子も把握する。登降園において園バスを使用する場合は，担当教諭がバスに乗車し子どもの受け入れを行う。

〈遊びのなかの学びを積み重ねる〉

　ねらいに基づいた環境を設定し，子どもが自ら取り組んでいく遊びを支えていく。体と心を動かして思い切り遊ぶ豊かな体験を通じて，感じたり，気づいたり，わかったり，できるようになったりする「知識及び技能の基礎」，気づいたことやできるようになったことなどを使い，考えたり，試したり，工夫したり，表現したりする「思考力，判断力，表現力等の基礎」，心情，意欲，態度が育つなかで，よりよい生活を営もうとする「学びに向かう力，人間性等」を育んでいく。

〈親と子がともに育つ〉

　幼稚園は学校教育の始まりに位置する。園では小学校以降の教育との連続性を大切にし，保護者の参加や協力を求め，子どもの育ちの理解が得られるようにしていく。

保育参加や保育参観の場を設け，親と子がともに育つ場となるようにしていく。

〈社会に開かれた園として〉

　近隣の小中学校や保育所，認定こども園との連携や協働を進めていく。地域のお年寄りや専門家との出会いをつくり，多様な大人と関わる機会を大切に積み重ねていく。

〈帰りの集まり・降園：1号認定で預かり保育を利用しない子ども〉

　1日の遊びや生活を振り返る時間を設定する。教諭の話を聞いたり，自分の意見を言ったりして，集団での行動の仕方を身につけていく。教育時間が終わり1号認定の子どもが降園する。降園する子どもを担当する教諭は，今日の保育の様子を保護者に伝えながら，一人一人の子どもを確実に渡していく。

14時〜　午睡や遊び：預かり保育を利用する子ども

　預かり保育利用者で午睡を必要とする子どもは午睡する。心地よい眠りが得られるよう場を設定する。午睡を必要としない子どもは，落ち着いて遊んで過ごせるよう教諭は担当を分けて対応する。

15時〜　おやつ・それぞれの遊び：預かり保育を利用する子ども

　おやつを食べたり，ゆっくり遊んだりする時間帯である。預かり保育専用の保育室を用意する園も多くあり，数人で遊べるカードゲームや落ち着いて遊べる折り紙，織物など，預かり保育用の環境設定をする。園庭の固定遊具で遊んだり，広い場所で鬼ごっこをしたりするなど，好きな遊びをのびのびと楽しめるようにする。

　保護者の勤務時間に応じて随時降園する。保護者と挨拶を交わし，連絡事項（保育中のけがや体調のことなど）を確実に伝える。

　預かり保育を非常勤の教諭が担当する園が多くある一方で，教育時間を担当する常勤教諭とは別に預かり保育を常勤教諭が担当する園も増えてきている。教育時間の保育と預かり保育とが連続性をもって営まれていくことが求められている。

保育以外に日々行う幼稚園教諭の仕事

　預かり保育専用の保育室がある園では，教育時間の保育が終わると担任は保育室内を清掃し，翌日の保育の準備をする。教育時間における保育の記録を作成したり，学年や園全体の打ち合わせをしたりする。事務作業として，保育計画作成，保育記録記入，保護者対応，環境整備，教材準備などを行う。

　複数の常勤の教諭が預かり保育を担当する場合は，教育時間中に預かり保育の教材準備や打ち合わせ，記録作成などを行う。さらに，教育時間の保育と預かり保育の連続性を保つために，教育時間の保育に加わることもある。

（2）幼稚園教諭の職務内容

〈保育教諭・保育士と同様の職務内容〉

ⅰ）幼児教育の実践：計画立案と実施，記録作成，評価反省，改善，環境整備など

子どもの実態に即した計画立案と実施を確実に行う。機器を活用し，効率的に計画や記録の作成を行う。保育者間で連携をとり，環境整備や環境改善を計画的に実施し魅力的な園環境づくりを進めていく。

ⅱ）保育力の向上：保育の振り返り，教材研究，研修，研究など

各自が自己課題をもち，主体的に保育の振り返りや研究，研修に取り組んでいく。管理職や研究の担当者がリーダーシップを発揮することで意欲が高まり，保育力の向上が実現していく。

ⅲ）保護者対応：個人面談，保護者会，情報発信など

子どもの育ちを喜びと感じられるように，園での様子を保護者に伝え，家庭での様子を聞いていく。保護者会を開催し，園の教育のなかで大切にしていることを伝えたり，保護者同士が親しくなっていくきっかけをつくったりする。さまざまな情報を発信するとともに保護者の声に耳を傾け，保護者の信頼を得られるように努力する。

ⅳ）保育事務：諸帳簿の管理，書類作成，教材発注，業者対応など

出席簿や指導補助簿，指導要録など，諸帳簿を作成し適性に管理する。子どもの豊かな体験につながる教材づくりや教材の発注を計画的に行う。

〈特に幼稚園教諭に求められる力〉

ⅰ）環境による教育のなかで，子ども自身が学び育つよう支えていく力

子どもがさまざまな驚きや発見が得られるような環境の工夫，自ら動き出した瞬間をとらえ，思いを実現できるように支えていけるように保育力を高めていく必要がある。主体的，対話的で深い学びが得られるように，環境や援助を工夫していく。そのために，日々の保育記録を作成し，記録を元に学び合う研究を積み重ねていく。

ⅱ）幼児期の終わりまでに育ってほしい姿を小学校へとつないでいく力

近隣の小学校との連携を進め，幼児期の育ちが小学校教育へ引き継がれていくようにする。小学校への引き継ぎ文書を作成する際には，子どもの育ちの軌跡を伝える。

ⅲ）保護者に対して発信と受信を心がけ，保護者との信頼関係を築く力

保護者にとってわが子の初めての学校教育の場である幼稚園では，保護者が園の教育に関心をもち，園の教育を参観したり協力したりし，満足感を得られるようにしていくことが大切である。園と家庭が協力することで，子どもの豊かな育ちが実現する体験を通して幼児期の教育の実際を理解できるよう，情報を発信したり保護者の声を受けとめたりする。

ⅳ）担任と預かり保育担当者とが相互に連携する力

担任は，教育時間終了時に降園する子どもと，預かり保育を利用する子ども双方に

まなざしを向け，よりよい育ちを保障する。子どもの1日が連続性をもって営まれるように，預かり保育時の子どもの様子にも関心をもつ。預かり保育担当者と必要に応じて子どもの情報を共有し，預かり保育担当者は預かり保育の計画を立案し教材などを準備する。教育時間の保育の様子も把握し，子どもの育ちがつながるようにする。

2 ■ 保育所

（1）保育所の1日

　ここでは，7時15分から19時15分まで12時間開所，0～5歳児までが在籍する園を想定した。

7時15分～　登園開始

　早番の保育担当者が園を開ける。0～5歳児まで合同の保育になり，早番の保育室に子どもが集まる。子どもを受け入れながら，環境整備や朝の準備を進める。保護者と挨拶を交わし保護者が安心して職場に向かえるように，子どもを受けとめる。

8時15分頃～　各保育室へ移動

　子どもは，早番の保育室から自分のクラスの保育室に移動する。各クラスの担当者により，通常の保育が開始する。保育所は長時間子どもを保育するため，保育士は，早番，普通番，遅番など，多様な時間体制の勤務になる。出勤時刻が異なり，幼稚園のように全教職員がそろって朝の打ち合わせをすることがむずかしいため，情報の共有が課題になる。事務室に「連絡ボード」を設置し，出勤時に必ずボードを見て連絡事項などを確認するという方法をとるなど，工夫を要する。

9時頃～　午前中の保育

〈0歳児〉

　午前のミルク，室内遊び，散歩など，一人一人の状態に応じて行う。安心して過ごすことができるように，ていねいな保育を展開していく。月齢によって生活の仕方は変わる。午前寝を必要とする子どももいる。10時45分過ぎから，順次食事（離乳食）をとる。食後はそれぞれのリズムに応じて午睡する。

〈1・2歳児の保育〉

　朝のおやつとして牛乳を飲み，天気のよい日には散歩に出かける。靴を履けるようになったり，長い距離を歩けるようになったりするなど，できることが増えていき張り切って行動する。散歩では，身近な環境にふれ，小さな石や木の葉，虫など自ら見つけることを楽しむ。散歩から帰ると，シャワーを浴びたり着替えたりして，さっぱりする心地よさを味わう。

〈3・4・5歳児〉

　発達に応じた環境を設定し，子どもが自ら遊びに取り組めるようにしていく。主体

性を大切にし，イメージを出し合って遊びをつくりあげたり深めたりして，幼稚園や認定こども園と同様な経験を重ねていく。園で長時間過ごすので，1日の生活の流れを考え，室内遊びと戸外遊び，散歩をバランスよく取り入れていく。

11時30分頃～　給食前の集まり・給食　午睡

〈0歳児〉

それぞれのペースに応じて午睡する。午睡中は，5分おきに呼気のチェックを行う。

〈1・2歳児〉

朝起きる時間によって早く眠たくなる子どもがいるので，4，5人のグループで順次食事をする。食の楽しさを味わい，おいしく食べることができるように，保育士は子どもと言葉を交わしたり，食べる手伝いをしながらその場にいる。食後は，落ち着いた雰囲気で眠ることができるようにする。

〈3・4・5歳児〉

給食前にクラス全員で集まる時間をもつ。絵本や紙芝居，歌を歌う機会や，午前中の活動を振り返って話をする。食事のメニューについて栄養士が話すこともある。

午睡を必要とする子どもは落ち着いて眠ることができるよう場を設定する。午睡を必要としない子どももいるので，保育士は担当を分けて対応する。

15時頃～　おやつ・遊び

午睡していた子どもが目覚め，おやつの時間になる。おやつコーナーを設定して食べたくなった子どもから食べに来るなど，給食とは違う雰囲気でおやつを楽しめるようにしている園もある。

15時40分頃～18時15分　それぞれの遊び

ゆっくり遊ぶ。午後になって調子が出てくる子どももいる一方で，午睡後に機嫌が悪くなる子どももいる。それぞれの体調や心持ちに目を配りながら楽しく過ごせるように援助する。園庭など共有のスペースで遊ぶなかで，異年齢の関わりを楽しむ姿もみられる。保護者の勤務時間に応じて随時降園する。保護者と挨拶を交わし，連絡事項（保育中のけがや体調のことなど）を確実に伝える。

18時15分～19時15分　延長保育：延長保育希望者

補食を食べたあとは好きな遊びをしながら保護者の迎えを待つ。遅番の保育士が担当し，全員の子どもが保護者と一緒に帰るまで楽しい雰囲気のなかで過ごすことができるようにする。保育室内で使用しない場所から順次掃除機をかけていく。

19時15分　1日の終わり

最後の子どもが保護者と一緒に園を出ると1日の終わりになる。最後の片づけを行い，園内を見回り施錠の確認をする。翌日の保育開始に備えて，事務室に全クラスの登園名簿や引継ぎ簿を戻す。これらの作業を手早く確実に行い退出する。

② 幼稚園・保育所・認定こども園の1日とクラス担任の職務内容

1日の保育のなかで行う保育以外の仕事

3・4・5歳児の保育では，長時間子どもがいるなかで，保育者間の打ち合わせやその日の記録を記入するなど，事務作業を行う時間を確実にもつ。事務作業も保育の充実には欠かせないものである。0・1・2歳児の保育では，子どもが午睡している間に打ち合わせや事務作業を行う。事務作業には，保育計画作成，保育記録記入，保護者対応，環境整備，教材準備などがある。

（2）保育士の職務内容

〈幼稚園教諭・保育教諭と同様の職務内容〉

・幼児教育の実践（計画立案と実施，記録作成，評価反省，改善，環境整備など）
・保育力の向上（保育の振り返り，教材研究，研修，研究など）
・保護者対応（個人面談，保護者会，情報発信など）
・保育事務（諸帳簿の管理，書類作成，データ管理など）

〈特に保育士に求められる力〉

ⅰ）ていねいな保育のなかで子どもの心身の健康と安全を保つ力

保育所では，一人一人の実態に応じ，きめ細やかな保育を行うことが求められる。常に健康状態を把握し，安全で安心な生活を確保する。子どもは1日の大半を園で過ごす。動と静のバランスに配慮し，活発な活動とともに，ゆったりと休息をとることも大切にする。地域の公園や町内を散策することで，季節の変化に気づいたり地域にいるさまざまな人と関わったりする体験が得られるようにしていく。

ⅱ）保育士間で連携をとり，よりよいチーム保育を実現する力

低年齢の子どもへの対応と長時間の保育をカバーするために，複数の保育士がチームを組んで保育を行う。常勤保育士と非常勤保育士とで協力して保育を行うこともよくある。複数の保育士で保育を行っていく際には，事前の打ち合わせを土台としつつ，チーム保育では，事前の打ち合わせはもちろん大切だが，子どもに応じて動きながらその都度，保育士間で声をかけ合い，保育をつくりあげていくことが必要になる。互いのよさを認め合い育ち合う保育者集団となるように，一人一人の保育士が努力していくことが必要である。

ⅲ）遊びのなかの学びを理解し計画的に育んでいく力

幼稚園教育要領，保育所保育指針，幼保連携型認定こども園教育・保育要領に共通に示している「幼児期の終わりまでに育ってほしい姿」「各領域のねらいや内容等」を理解し，実際の保育を改善し充実させていくことが求められる。子どもが自ら働きかけさまざまに気づき考えるきっかけが得られるように，保育室や園庭環境を見直していく。保育の充実のためには，互いの保育を見合う園内研究会を行い，具体的な子どもの姿を通して保育を振り返り，保育を向上させていく取り組みが欠かせない。

3 ■ 認定こども園

（1）認定こども園の1日

　ここでは，7時15分～19時15分まで12時間開所の認定こども園を想定し，認定こども園特有の対応が求められる3～5歳児の保育について記載した。0～2歳児までの保育の1日については，「2 ■ 保育所」の例と同様であるため省略した。

7時15分～　登園開始：2号認定の子ども

　早番担当者が園を開ける。早番の保育は0～5歳児まで合同の保育になり，早番の保育室に子どもが集まる。登園してきた子どもの受け入れと，室内の環境整備や朝の準備を同時に進めていく。保護者と挨拶を交わし保護者が安心して職場に向かえるように子どもを受けとめる。

8時頃～　各保育室へ：2号認定・1号認定預かり保育利用の子ども

　子どもは各保育室に移動し遊びだす。早番の保育教諭は，順次登園する2号認定の保護者と挨拶を交わし，連絡事項があるときには担任に伝えられるよう「引継ぎ簿」に記載する。保育所と同様，教職員はそれぞれの勤務時間に応じて出勤するため，朝の打ち合わせを行うことができない。「連絡ボード」などを活用し，連絡事項（保育の予定，注意事項，会議の予定など）の確認を確実に行う。

9時～14時　教育時間の保育：2号認定・1号認定の子ども

〈自ら遊びに取り組み育ち合う〉

　すでに登園している子どもと9時に登園してきた子どもが一緒になる。発達に応じた環境を設定し，子どもが自ら遊びに取り組めるようにしていく。在園時間や家庭の状況が多様な子どものそれぞれのよさが活かされ，育ち合う関係を築いていけるように，一人一人の子どもの気持ちや状態に寄り添いながら適切に援助していく。子どもの主体性を大切にし，イメージを出し合って遊びをつくりあげたり深めたりして，いわゆる幼稚園教育と同じような経験を重ねていく。

〈活動を振り返り，共通の意識をもつ〉

　給食前や降園前などにクラス全員で集まる時間をもつ。絵本や紙芝居，歌を歌う機会や，今日のことを振り返って話したり，今後の予定について話し期待を高めたりする機会を積み重ねる。在園時間が異なる子どもが同じクラスの仲間として一体感をもてるように，みんなの時間を大切にしていく。

〈食の喜びにふれる給食〉

　認定こども園では給食が提供される。栄養士から食材や調理方法について話を聞いたり，園で育てている野菜を調理し食への関心を高めていく。給食では，配膳や食のマナーを伝えることも保育教諭の役割になる。特にアレルギー食への対応は，対応マニュアルにのっとり確実に行う。

〈降園（1号認定で預かり保育を利用しない子ども）〉

　教育時間が終わり，1号認定の子どもが降園する。降園する子どもを担当する保育教諭は，今日の遊びや生活の様子を保護者に伝えながら，一人一人の子どもを確実に渡していく。1号認定の子どもでも預かり保育を利用する場合もあるので，当日の朝，今日の預かり保育利用者はだれなのかなどについて確実に把握しておく。

14時〜　午睡や遊び：2号認定・1号認定預かり保育利用の子ども

　午睡を必要とする子どもには，落ち着いて眠ることができるよう場を設定する。午睡を必要としない子どももいるので，保育教諭は担当を分けて対応する。

15時〜　おやつ：2号認定・1号認定預かり保育利用の子ども

　午睡していた子どもが目覚め，おやつの時間になる。家庭的な雰囲気を大切にするため，給食の時間とは違い，おやつコーナーを設定して食べたくなった子どもから順次食べに来る，という方法をとる園も多い。

15時30分頃〜18時15分　それぞれの遊び：2号認定・1号認定預かり保育利用の子ども

　ゆっくり遊ぶことができる時間帯である。この時間帯になると調子が出てくる子どももいる一方で，疲れが出てくるのか機嫌が悪くなる子どももいる。それぞれの体調や心情に目を配りながら楽しく過ごせるように援助していく。園庭など共有のスペースで遊ぶなかで異年齢の関わりを楽しむ姿もみられる。日頃から他学年の保育教諭と連絡をとり合い，子どもの様子についても共有しておくと，関わりやすくなる。

　保護者の勤務時間に応じて随時，降園する。保護者と挨拶を交わし，連絡事項（保育中のけがや体調のことなど）を確実に伝える。

18時15分〜19時15分　延長保育：2号認定の子どものうち，延長保育希望者

　少数の子どもが残り，補食を食べたあとは好きな遊びをしながら保護者の迎えを待つ。遅番勤務の保育者が担当し，全員の子どもが保護者と一緒に帰るまで，楽しい雰囲気のなかで過ごすことができるようにする。

19時15分　1日の終わり

　最後の子どもが保護者と一緒に園を出ると，1日の終わりになる。最後の片づけを行い，園内を見回り施錠の確認をする。翌日の保育開始に備えて，事務室に全クラスの登園名簿や引継ぎ簿を戻す。手早く確実にこれらの作業を行い退出する。

1日の保育のなかで行う保育以外の仕事

　1号認定の子どもの降園後に，保育教諭間で連携をとり保育から抜ける時間をつくる。その間に，保育記録を作成したり次週の保育の打ち合わせを行う。事務作業には，保育計画作成，保育記録記入，保護者対応，環境整備，教材準備などがある。

（2）保育教諭の職務内容

〈幼稚園教諭・保育士と同様の職務内容〉

- ・幼児教育の実践（計画立案と実施，記録作成，評価反省，改善，環境整備など）
- ・保育力の向上（保育の振り返り，教材研究，研修，研究など）
- ・保護者対応（個人面談，保護者会，情報発信など）
- ・保育事務（諸帳簿の管理，書類作成，データ管理など）

〈特に保育教諭に求められる力〉

ⅰ）子どもや保護者の多様な状況に柔軟に対応する力

　認定こども園の特徴は，子どもや保護者の状況が一様ではないということである。教育時間は全員に提供しているが，その前後の保育は1号認定の預かり保育利用の子どもと2号認定の子どもにのみ提供する。園にいる時間が違う子どもが，仲間として育ち合っていくためには，多様な状況にある子どもや保護者を包み込む保育教諭のあり方が鍵になる。活動や行事を計画する際に，多様な状況の子どもがスムーズに取り組める内容を生み出していく，柔軟な姿勢が求められる。

ⅱ）保育教諭間で連携をとり，よりよいチーム保育を実現する力

　幼稚園では「預かり保育」とよばれる時間帯の保育を，認定こども園では，教育時間と教育時間外で，別々の保育教諭が担当する場合がある。教育時間外の保育のあり方については，「家庭的雰囲気でくつろいで過ごす」ことが求められている。

　教育時間の保育と，教育時間外の保育には違いがある必要がある。同時に，子どもの生活はつながっているため，教育時間の保育と教育時間外の保育のなかに連続性があることもまた必要である。このことを実現するために，保育教諭間で連携をとり，よりよいチーム保育を実現していくことが大切である。

ⅲ）新しい発想で未来を切り拓く力

　認定こども園は，既存の幼稚園や保育所から移行する例が多い。移行にともない今までの当たり前が通用しなくなり，混乱や不安が広がりやすい。このような事態に対して，新しい気づきを得られるチャンスだと思える資質が，認定こども園の保育教諭には求められる。2015（平成27）年からスタートした子ども子育て支援新制度は，日本の乳幼児教育や家庭保育の未来を拓くものである。保育教諭には，新しい発想で未来を切り拓く力が求められている。

| **Work** | 具体的な場面での保育者間の連携を考えてみよう |

散歩の場面における保育者間の連携について学ぼう。保育者が行うことや配慮事項について，例）を参考に，書き出してみよう。

ワークシート

2歳児クラス：子ども11名・保育者3名（保育者A（リーダー的役割），保育者B，保育者C（非常勤））

① 散歩の準備

例）
保育者A：全体把握・全体への指示
保育者B，Cが子どもと関わっている様子をとらえたうえで「散歩に行こう」と全体に声をかける。登園が遅れている子どもの確認をする。
保育者B，Cと協力して，子どもの散歩の準備の手伝いをする。

保育者B

保育者C

以下についても，同様の枠を作成して，記入してみよう。

② 移動中

③ 目的地での遊び

34

解　説

解説1 ■ 散歩の準備

保育者A：ワークシート内参照
保育者B：子どもへの援助
　トイレに行ったり，身支度に気持ちが向かない子どもに声をかけるなど。
保育者C：子どもへの援助・環境整備
　保育者A，Bと協力して，子どもの援助をする。散歩から帰ったあと給食になるので，あらかじめ机と椅子を設定し環境の準備をするなど。

解説2 ■ 移動中

保育者A：全体把握・全体への指示
　保育者B，Cと連絡をとったうえで，先頭を歩く。「どんぐり落ちているかな？」など子どもの期待が高まるように声をかけながら歩く。
保育者B：子どもへの援助
　一人一人の様子をとらえる。横断歩道を渡るときには，安全把握をする。
保育者C：子どもへの援助・環境整備
　個別の配慮を要する子どもなどのそばにいたり手をつないだりする。

いろいろなものを見つけながらみんなで歩く
写真2-1 ●文京区立お茶の水女子大学こども園／東京都

解説3 ■ 目的地での遊び

保育者A：全体把握・全体への指示
　目的地での過ごし方を子どもに知らせる。拠点（水筒の置き場所など）を定める。遊び出せるように声をかけ，一緒に遊びながら常に全体の様子に目を配るなど。
保育者B：子どもへの援助
　楽しんでいる子どもと笑い合い楽しく過ごすなど。
保育者C：子どもへの援助・環境整備
　保育者B，Cと声をかけ合い，個別の配慮を要する子どもの動きを把握し，必要に応じて一緒に動く。トイレに行きたいという子どもがいたらついていくなど。

演習問題 連携のとり方について理解を深めよう

問1 幼稚園や保育所，認定こども園に見学や実習に行った際に，複数の保育者の動きを記録する。それぞれの保育者の動きが子どもにどのような影響を及ぼしたのかについて理解する。

問2 保育・教育を協働して進めていくための連携のとり方について，幼稚園教育要領，保育所保育指針などの法令を確認し，理解を深めよう。

第 3 章 クラス担任の仕事を知る

> **本章で学ぶこと**
>
> 幼児期の教育は環境を通して遊びを中心として行われるため，クラス担任の仕事は子どもと遊ぶことが大部分を占めるが，それだけではない。このことは，これまで保育内容の指導法に関する科目や教職論，保育者論などを通して学んできた。また，教育実習や保育実習を通して，実際に働く保育者の姿から，保育者にはさまざまな仕事があることを学んできた学生も多いだろう。教育実習などはある特定の期間の学びであったが，クラス担任には1年を通してどのような仕事があるのだろうか。本章では，保育者として求められる「保育者の使命や職務についての基本的な理解」を得るため，1年を通した仕事内容を整理し，クラス担任として子どもとの間に信頼関係を築きながらクラス（学級）を運営していく力をつけることを目標とする。日々の保育実践，保護者との関係の構築，園務分掌とクラス経営の観点から，仕事内容について考えていく。

1 日々の保育実践

　幼稚園，保育所，認定こども園等（以下，「園」という）は，子ども一人一人の，その時期にふさわしい生活や遊びを通して発達を支えていく場であり子どもの姿に合わせて発達に必要な経験を見極めて，環境を構成していく必要がある。

　では保育者は，どのように子どもに必要な経験をとらえ，保育実践につなげているのだろうか。ここでは，日々の実践の内容をさまざまな観点から整理し，クラス担任として必要な力について考えていく。

1 ■ 指導計画の作成

　保育の質を向上させていくには，保育を計画的に行う必要がある。自分のクラスの子どものことを考慮しそれに沿った指導計画を作成し，保育を振り返ることで，保育の質は上がっていく。

　指導計画は，一般的には各園が作成した「全体的な計画（幼稚園では教育課程）」

をもとに，長期の指導計画，短期の指導計画を作成していく。この指導計画には，一定の形式はなく，各園の実態に沿って保育のよりどころとなるように工夫して作成される。ここでは，担任としての指導計画の作成の具体的な手順についてとらえていく。

（1）発達の理解

　保育実践では，自分のクラスの子どもの発達に合った計画を立てることが最も重要である。日々子どもと接しながら，子どもがどのようなことに興味・関心をもっているのか，遊びや生活を通してどのような経験をしているのか，今育ちつつあることは何か，反対につまずいていることは何か，今後の発達に必要な経験は何かなどをとらえていく必要がある。これには一人一人の子どもとの関わりが重要であることは言うまでもない。しかし，それらを統合して自分のクラス全体として，子どもがどのような発達過程にあるかをとらえていく視点が必要である。ていねいにクラス全体の発達をとらえることで，担任として子どもには今後どのような経験が必要かみえてくる。

　そのために，保育記録をていねいに作成し，自身の保育を振り返り，評価していくことが，子どもの発達をとらえるトレーニングになる。保育記録を作成しながら振り返るなかで，担任として願いが生まれ，それが指導計画の作成へとつながっていく。つまり，保育実践では，計画を作成する以前に，子どもの姿や担任としての思いをしっかりと整理しておくことが重要である。

（2）ねらいの立案

　子どもの発達をとらえ，理解することで担任としての思いが明確になると，それが保育を行ううえでのねらいへとつながる。

　また，各園の「全体的な計画」には，時期ごとのその園の子どもの大まかな発達や育ってほしい姿などが示されていることが多い。これらを参考にしながら，自分のクラスの子どもの姿と併せて，今後育ってほしい姿として具体的なねらいを設定していく。

（3）内容の検討

　次の日や次の週のねらいを設定したら，ねらいを達成するために子どもにどのような体験が必要で，どのようなことを身につけていく必要があるかを検討することが求められる。その際に，子どもの姿を想定しながら内容を設定していく。ねらいを達成するために必要な体験は，1つのねらいに対して1つとは限らない。クラスには多様な子どもがいることを想定し，1日（1週間）の生活や遊びを通して，どの子どもにもねらいの達成につながるように，いくつかの道筋を設定していく必要がある。

（4）環境の構成と援助の検討

　子どもが体験する具体的な内容を設定したら，それに必要な環境の構成を考えていく。遊びの場面では，何が，どれくらい，どこに，どのように配置されていることで，子どもが主体的に遊び，ねらいの達成へとつながっていくか，子どもが遊ぶ姿や生活する姿を想定しながら環境を構成していく。さらにその環境は，子どもの成長にともない変化させていくものである。子どもの実態，その時々のねらいに応じて，環境も変えていく必要がある。

　担任が準備した環境のなかで，子どもがどのように遊ぶか想像し，子どもにどのような声をかけるか，どのようなスタンスで関与していくかということも具体的に考える必要がある。保育者として，援助はその日そのときの子どもの姿に合わせて行うものである。しかし，ねらいや内容に則して援助の方向を定めておくことで，臨機応変に対応するなかでもねらいに沿った援助を行うことができるようになる。

（5）保育の実践

　「指導計画の作成」という言葉から，ねらいと内容の設定，環境の構成，保育者としてどのように援助を行うかを計画し，書面にするまでの行為を想定するかもしれない。しかし，その日の保育でみられた子どもの姿や自分が行った保育が次の保育へとつながることをふまえると，実態の把握から計画の立案，そして保育の実践からその評価までを，指導計画作成の1つのサイクルとして考えていく必要がある。ねらいを意識した環境の構成と保育者としての援助を実践することで，子どもの発達に合った保育を進めていくことが可能になる。

（6）保育の評価

　実際に保育を行うと，ねらいに応じた援助ができたと思う場面や，自分のとらえていた子どもの発達がよく表れていると感じる場面がみられることもある。反対に，こうなってほしいという願いはあるものの，そのような姿とは異なる場面があったり，援助したいと思っていたことが思うようにいかなかったりする場面もある。そのような実際の子どもの姿や，そこから感じたこと，自分の計画したねらいに対する子どもの姿，自分の環境や援助などを，毎日必ず振り返り，省察する必要がある。なぜなら，その日の保育でみられた子どもの姿や自分の援助について省みることは，前述した指導計画の作成の「(1)発達の理解」へとつながるからである。

　保育の評価は，自分1人で行う場合もあれば，複数の保育者と協議しながら行う場合もあるだろう。これらを記録として残していく作業が，保育記録の作成となる。つまり，保育記録を作成する行為が，自身の保育の評価を行うことになる。

　以上のように，指導計画の作成を考えるうえでは，①発達の理解，②ねらいの立

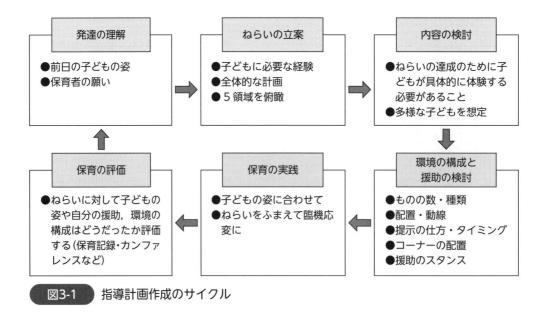

図3-1　指導計画作成のサイクル

案，③内容の検討，④環境の構成と援助の検討，⑤保育の実践，⑥保育の評価（①発達の理解）という一連の流れが1つのサイクルとして繰り返されることで，保育の質が向上していくことを理解する必要がある（図3-1）。

　また，日々の保育における指導計画作成のサイクルを繰り返すことで，次第に子どもの姿が変わってきたり，発達の節目を感じたりするようになる。そうなると，1日単位ではなく，1週間，数週間という期間で子どもの姿や自身の保育を振り返り，長期の保育を見据えた指導計画の作成を行う必要がある。実際の保育では，日案や「週案（週の指導計画）」を作成するほかに，「月案（月の指導計画）」「期案（子どもの発達の節目をもとに設けられた「期」の指導計画）」などを作成する園も多い。指導計画を作成するサイクルの単位が変わっても，基本的な考えは変わらない。

2 ■ 保育室などの環境整備と発達の時期にふさわしい環境の構成

　幼児教育は，遊びを通して行われることを基本とするため，担任保育者は，子どもが遊びを通してさまざまな対象と関わり，対象についての学びや，対象との関わり方についての学び，対象と関わる自分自身についての学びを得られるように，保育室などの環境を整えていく必要がある。ここでは，担任として，保育室を中心とした環境をどのように構成していけばよいのか考えていく。

(1) 生活しやすい環境構成

　園での生活は，登園したときから始まる。子どもが登園してくると，多くの園では

自分の所持品の整理を自分で行うように指導を行っている。登園時に子どもが行う活動は，どのようなものがあるだろうか。実際に，ある幼稚園の月曜日の朝の身支度から遊び始めまでの流れを例に，子どもの立場になって確認してみる。

①登園する→②下駄箱で上履きを出して履き替える→③上履き袋をフックにかける→④カバンからタオルを出してタオルかけに掛ける→⑤カバンからコップを出してコップかけに掛ける→⑥カバンから弁当を出して保温庫に入れる→⑦カバンからカラー帽子を出してロッカーに入れる→⑧通園帽子をロッカーにかける→⑨カバンをロッカーにかける

　これらの活動を子どもが自分で行うためには，担任として環境をどのように配慮すればよいだろうか。

　まず，子どもが生活しやすい環境をつくるための視点のなかに，「動線」への配慮があげられる。「動線」とは，人の流れのことであり，子どもがどのように動くかということである。前述の①から⑨までの子どもの動きを考えると，子どもが保育室に入ってきてカバンから出すものは，タオルとコップと弁当とカラー帽子である。この園の場合，タオルかけとコップかけがあるので，子どもはカバンから出したタオルとコップをそれぞれ所定の位置にもっていかなければならない。このときに，タオルかけとコップかけとがそれぞれ保育室の対角線で離れた位置にあると，保育室の中を子どもが行ったり来たりすることになることは想像できる。担任としては，タオルかけとコップかけは近くに設定しておいたほうが，登園時の子どもは生活がしやすいだろう。

　動線が交錯すると，子ども同士が衝突する可能性が増えるだけでなく，相手を避けながら動かなければならない。また，所持品の整理をするためのテーブルを用意するだけで，子どもは自分の所持品を自分で始末しやすくなる（図3-2）。テーブルなど整理しやすい環境を用意せずにいると，子どもは床の上にタオルやコップを置いたり，落としたりすることも考えられる。自分の生活を自分で進める力を身につけるためには，心地よく生活できるような環境を整えていく必要がある。

（2）子どもが主体的に遊びを進めるための環境構成

　前述した通り，幼児期の教育は遊びを通して行われる必要がある。つまり，子どもが遊んでいる時間は，重要な学びの時間である。では，子どもが自ら遊び始め，遊びを続け，遊び込み，充実した時間になるためには，どのような点に配慮する必要があるだろうか。

① 日々の保育実践　41

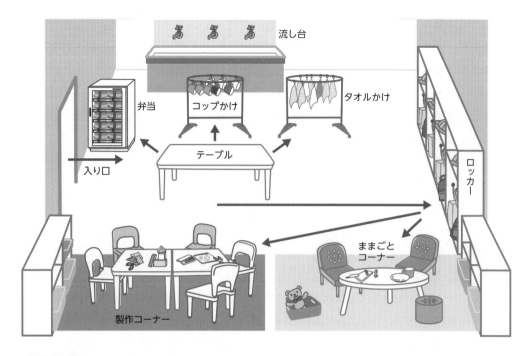

図3-2　動線を考慮した環境づくり

❶ 保育室内のデザイン

　担任になると，受けもつクラスの保育室は自分で整える必要がある。子どもが主体的に遊び始めることができるような保育室になっているか，まずは保育室内にどのようなコーナーが配置されているかを見渡そう。例として，「ままごとのできるキッチンやテーブルなど（ままごとコーナー）」「製作ができるような道具や素材をストックする製作ワゴンや棚（製作コーナー）」「遊びの場所を自分たちでつくれるような木製の箱積み木（箱積み木スペース）」「ピアノ」の4点をどのように配置すれば子どもが遊びやすいかを考えてみる。

　ままごとコーナーで遊んでいる子どもがラーメンを食べたくなったら，色画用紙や毛糸などの素材を利用して，自分でラーメンをつくろうとするかもしれない。それらの材料や道具は製作コーナーにある。このように，「製作コーナー」を介しながらさまざまな遊びを展開していくことが想像できれば，「ままごとコーナー」「箱積み木を片づけておく場所」「製作コーナー」をそれぞれどのように配置すれば子どもが遊びやすいか，考えることができる。

　また，「ピアノ」の周辺では登園時や降園時にみんなで集まることが多い。次の日の予定を確認したり，絵本の読み聞かせを行ったり，みんなで歌を歌ったりするときに，ピアノをどこに配置すれば自分の話を子どもが聞きやすいだろうか。実際に子どもが集まった姿を想定し，椅子を並べてみるなど，事前に確認する必要がある。

「ここは粘土で遊ぶコーナー」「ここでは折り紙」「ここではブロック」などと，特定の場所では特定のことしかできないようなコーナーになると，子どもが自分で遊びをつくったり，変化させたり，考えたりする余地がなくなる恐れがある。遊びを中心とした保育を実現するには，子どもの遊びたい意欲や事柄に合わせて，臨機応変に場づくりができるようなスペースや，子どもが自分で自分の遊びの場をつくれるような素材や道具を保育室に設定しておきたい。

❷ **ものの種類と量の吟味**

保育室内の大まかなデザインが決まり，各コーナーを配置したら，それぞれのコーナーにどのようなものを設定するか，吟味する必要がある。ままごとコーナーの食器や調理器具の素材はどのようなものが適切か（木製かプラスチック製か，本物の調理器具を用意するかなど），またそれらをいくつずつ用意しておくかなどについて考えなければならない。同様に，製作コーナーでも，子どもの発達に沿って環境を構成する必要がある。また，子どもの発達に応じたものの種類や量を常に吟味し，子どもの様子に合わせて変化させることで，子どもが自分から遊び始め，遊びをつくり，変化させながら充実感を得ることにつながる。

❸ **戸外環境の構成**

保育室内の環境と同様に，戸外の環境も子どもの発達に合ったものになっているか確認が必要である。大きな固定遊具は変化させることはむずかしいが，砂場に置いてある遊具や道具などはどのように設定されているだろうか。なかには入園してから卒園するまで，砂場に同じ遊具や道具を置き続けている園もある。しかし，❷で述べた通り，子どもの発達を考慮すれば，ものの種類や量を吟味する必要があるだろう。

❹ **子どもが自分で考えて遊べる環境構成**

保育室やその周辺に設定するものの種類や量が決まったら，それらをどのように設定するかさらに検討が必要である。ものの置き方によって，子どもが自分で遊び始めたり，考えて遊んだりできるかが左右される。

製作コーナーに置かれている素材や道具は，子どもから見えやすく，取り出しやすい高さや向きになっているだろうか。どこに何が置かれているかがわかりやすく整理されているだろうか。片づける際にも，どこに何をどのように片づければよいかわかりやすく設定されているだろうか。これらをていねいに考えておくことで，子どもが自分で遊びたいことを考えたり，遊びに必要なものを自分でつくったり，つくったものを遊びに取り入れたりなどの姿をうながすことにつながる。

また子どもは，視覚的な情報を頼りに行動することが多い。どこに何が置いてあるのか，絵（文字を加えてもよい）で表示することで，自分で考えて行動する姿をうながすことにつながる。

① 日々の保育実践 **43**

3 ■ 一人一人のよさを活かすクラスづくり

　保育者は，個々の子どもと心を通わせ信頼関係を築き，子どもが安心して生活や遊びを進めていく姿を支えていく。ただし担任には，個々の子どもを理解するということだけでなく，複数の子どものまとまりとしてクラスをどのようにつくっていくかということも求められる。これは「クラス経営」「学級経営」などとよばれることもある。

　同じ園の同じ学年でも，担任が違うとクラスの雰囲気や遊び方が異なるのは，自分のクラスをどのように育てていきたいかという信念をもってクラスづくりを行っているからである。担任は，子どもそれぞれの個性を活かしながら，自分なりのクラスづくりを行っていけるとよい。基本となるのは一人一人の子どものよさが活き，それでいて集団として生活することや人とつながることの心地よさを感じられるようなクラスづくりである（人間関係の育ちとクラス経営については第4章参照）。

保護者との関係の構築

　保護者にとっては，わが子が園で過ごす間に何が起きて，何を考えていたかはわからない。わが子は，自分のしたいことができているだろうか，言いたいことは言えているだろうか，安全に過ごしているだろうか，悲しい思いはしていないだろうかなど，保護者が知り得ない時間の様子が気になるのは当然である。担任が，自分の子どもをみてくれている，知ってくれている，理解してくれているということが伝わると，保護者との信頼関係は増していく。そのためには，子ども一人一人の様子をていねいにとらえ，子どもの育ちや課題を保護者と共有していく必要がある（保護者との関係構築については第6章参照）。

クラス経営に関わる事務と園務分掌

　担任の仕事は，子どもと直接関わることだけではない。子どもを預かる施設で必ず行うように法律で定められているものや，クラスの運営，園の運営に関わる業務もあ

る。園が運営されるために，各保育者に割り振られる業務を園務分掌とよび，さまざまなものがある。

1 ■ 要録

　要録は，園に入園した子ども一人一人の在籍の記録，育ちの記録を作成し，残しておくことが義務づけられている。幼稚園では「幼稚園幼児指導要録」とよばれ，「学籍に関する記録」と「指導に関する記録」により構成される。保育所では「保育所児童保育要録」とよばれ，「入所に関する記録」と「保育に関する記録」により構成される。幼保連携型認定こども園では「幼保連携型認定こども園園児指導要録」とよばれ，「学籍等に関する記録」と「指導等に関する記録」によって構成される。

　要録は保存期間が定められており，どれも重要なものである。その園に在籍している子どもが，在園中にどのような育ちを経たのか毎年振り返り，まとめたもので，卒園時に小学校へその複写が送付される。つまり，自分たちがその子どもをどのように育て，どのように成長してきたかということを小学校へとつなぐ大事な資料となる。

　要録の作成方法についてはここでは詳しく述べないが，年度末に作成することが多い。年度末に急に1年間の姿を思い出して書こうとしてもなかなか書けるものではない。日々の保育記録や，それを月ごとや学期ごとにまとめたものなどを参考に作成するとよい。

2 ■ 出席簿

　要録にも関係するが，日々の出席の管理は担任の大切な業務の1つである。安全管理の視点からも，1日のどの時点で何人の子どもが園で過ごしているのか把握し，それを記録しておくことが求められる。

3 ■ 行事の計画

　各園で，さまざまな行事が計画される。一つ一つの行事は，行うことに意味があるのではなく，その行事を通して子どもがどのような経験をするかに意味がある。そのため，行事を通して子どもに何を経験させたいのか，保育者同士で話し合ったり，年齢ごとにどのようなポイントを押さえたいのか共有したりする必要がある。行事は，保護者に見せるためにあるものではなく，子どもの生活のうるおいや成長の節目となっていることを，最も大切にしたい。

4 ■ その他──園ごとの運営面での分掌

　そのほかにも，園の運営に関わる業務はここには書ききれないほど多い。施設，設備の安全点検や安全管理，特別支援コーディネーター，教材の管理や発注，研修，保護者の活動など，それぞれに担当者が決まっており，分担されていることが多い。園は，1つの共同体として運営されるために，一人一人の保育者が仕事を担い，最終的には子どもに恩恵があるようにと互いに協力しながら運営されている。担任になったからといって自分のクラスのことだけを行っていればよいわけではない。同じ園でともに働く一員として，自分にできることを精一杯行うように心がける必要がある。

4 クラス担任の仕事

1 ■ ある幼稚園の1日

　担任は日々どのような仕事を行っているのだろうか。一例として，ある幼稚園教諭の1日の流れを示す。これはあくまで一例であり，これ以外にもさまざまな業務がある。最も一般的で最低限必要であると思われることを例示する（表3-1）。

2 ■ 1年間の保育の流れ

　園では，日々の保育のほかにもさまざまな行事がある。どの行事も子どもにとって意味がある。ここでは，ある幼稚園での1年間の代表的な行事を例としてあげる（表3-2）。各行事で一番大切にしたいことはどのようなことだろうか。

表3-1 幼稚園教諭の1日の流れ（例）

8：00	出勤	身支度をする。タイムカードで出勤を記録する。
	保育室の清掃・環境の構成	保育室周辺の清掃や，窓をあける，遊具を配置するなど，子どもが遊びやすい環境を整える。
8：30	朝会	子どもの情報やその日の予定を園全体で共有する。
9：00	保育	受け入れ，遊びの援助，みんなで行う活動，食事，排泄，けがへの対応，歌や絵本の読み聞かせ，保護者への引き渡しなどを行うほか，出来事や困ったことなどを子どもと共有する。
14：00	保育室の清掃	掃除をしながら同じクラスを担当する保育者間で情報を共有する。
14：30	次の日や週に向けての打ち合わせ	次の日や週の予定の確認，必要な教材の準備，環境の構成を行う。
15：30	クラス経営に関わる事務仕事	保護者へ向けた手紙，会議資料などの作成，印刷などを行う。
16：00	保育記録の作成	記録を作成することで1日を振り返り，子どもの育ちを確認したり自分の援助を評価したりする（保育記録は園の指定の書式がある場合や各自に任されている場合もある。近年ではポートフォリオとして子どもや保護者とも共有する場合もある）。
	指導計画（日案）の作成	保育の振り返りをもとに，次の日や週の指導計画を作成する（特に初任者の場合には日の指導計画の作成を行うことが多い）。
17：00	退勤	交代制で園全体の施錠を行う。退勤を記録する。

第3章　クラス担任の仕事を知る

④ クラス担任の仕事　47

表3-2 ある幼稚園での1年間の代表的な行事（例）

4月	入園式	子どもに，幼稚園が楽しい場所であることが伝わるように企画する。
	誕生会	子どもが，自分の誕生日や友だちの誕生日が楽しみになるようにするとともに，保護者に感謝できるようにする。
5月	身体計測・健康診断	個々の子どもの健康状態を把握する。
	家庭訪問	子どもの住んでいる地域や通園路の把握を行う。保育者が家を訪ねて来ることを喜んだり恥ずかしがったりする子どもの姿を受けとめる。
	こどもの日	伝統行事の意味を保育者自身が確認し，発達を考慮して子どもに経験してほしいことを考える。
6月	プール開き	最初にプールに入る日には，注意事項の確認と安全祈願などを行う。子どもが，水の感触や水の中で体を動かすことを楽しめるようにする。
7月	七夕	子どもが伝統行事に親しみ，楽しんで参加できるように配慮する。
7〜8月	夏季保育	夕涼み会や夏休みのプール開放など，子どもが夏ならではの経験ができるように配慮する。
9月	敬老の日	子どもが身近なお年寄りとふれ合ったり，感謝を伝えたりする機会になるようにする。
10月	運動会	子どもが体を動かすことの楽しさを味わえるようにする。普段楽しんでいる姿がそのまま伝わるような工夫をする。
11月	作品展	子どもがさまざまな素材にふれ，考えたり工夫したりできる機会にする。
12月	もちつき	もちつき経験のない子どもが多いと思われるので，ふかしたもち米のにおいをかいだり，実際にもちをついたりして，子どもが日本の伝統行事に親しめるようにする。知識や経験が豊富な保護者や地域の人材を活用するなど工夫する。
2月	節分	子どもが立春を喜び，1年の健康などを願えるように配慮する。
	生活発表会	表現する楽しさを味わえるようにし，子どもに無理のない計画を立てる。
3月	ひな祭り	ひな飾りがある場合には，子どもがじっくりと見る機会をつくるなどする。
	修了式・卒園式	在園児が卒園児に対して感謝の気持ちをもてるようにし，これまでのことを振り返ったり，お祝いの言葉を考えたりする。
毎月	避難訓練	非常時の大人の動きの確認を行う。
	保育参観	保護者に普段の様子が伝わるように配慮する。
4，7，11，2月	個人面談	子どもの姿，これからの課題などを保護者と共有する。
4，7，9，12，3月	保護者会・クラス懇談会	写真などで長期の子どもの育ちや保育の意図などを保護者に伝えられるようにする。
5，9月	園外保育	子どもにとっての非日常の体験が，その後の保育に活かされるようにする。親子で園外保育に行く場合は，親子だからこそ楽しめる内容を計画する。

演習問題 保育室内の環境をデザインしてみよう

問1 下の図を参考に，自分が5歳児25人のクラスの担任になったことを想定して保育室の環境図をつくり，学生同士で見比べてみよう。その際，ものの数，種類，大きさ，配置などできるだけ具体的に考え，その意図について話し合ってみよう。

問2 保育現場に行く機会があれば，どこに，どのようなものが，どのように配置されているかをよく観察し，なぜそのように配置されているかを考えてみよう。

問3 学生同士で，実習で書いた絵本の読み聞かせの場面の指導計画をもち寄り，共通点や相違点を比較し必要な内容を考えよう。

問4 さらに，援助や環境の構成のねらいの達成につながるように確認したり，書き直したりしよう。

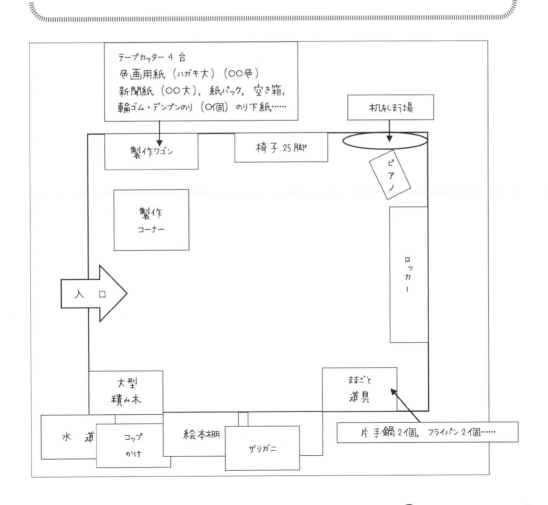

④ クラス担任の仕事

第 2 部

保育者としての
実践力を磨く

第 4 章 人間関係の育ちとクラス経営

本章で学ぶこと

保育職を目指す皆さんは，これまでに子どもの発達や保育内容について学び，保育者の役割や援助のあり方についての考察を深めてきたことと思う。領域「人間関係」に関する科目では，子どもが人間関係を育んでいく過程を学び，実習を通してその具体的場面にも接しているだろう。

本章では，担任として保育実践に携わることをイメージして，クラスの意義やクラス経営の姿勢，保育における個と集団の育ちについて学ぶ。また，園生活を通して子どもが育ち，育ち合うクラスになるための援助について考える。

1 集団における子どもの育ち

1 ■ 保育における個と集団

　幼稚園，保育所，認定こども園等（以下，「園」という）は，同年代の子どもが集団で過ごす場である。それぞれに異なる個性をもち，入園前の経験も異なる子どもたちが出会い，生活や遊びをともにするなかで関わり合い，互いに影響し合いながら発達していく場である。集団生活を通して，子どもは友だちと一緒に過ごす楽しさを知ったり，自分と他者の思いの違いに気づいたりする。また，友だちと思いがぶつかり合う体験を通して，互いに相手の思いを推し量ったり，自分の気持ちを調整したりすることができるようになっていく。このようにして互いを認め合う関係ができると，友だちに認められ，受け入れられることで，子どもはさらに自信をもって行動することができるようになる。

　このように，一人一人の子どもの育ちはほかの子どもにも影響を与え，子どもが属する集団の育ちへとつながっていく。それはまた，集団のなかで生活する個々の子どもの育ちに影響を与えていく。保育において，個と集団は深く関連し合っているのである。したがって，保育を行ううえでは，個を見つめる目と集団を見つめる目の両方をもち，個と集団の関係を視野に入れて子どもが育つように援助することが重要である。

2 ■ クラス（学級）とは

　『保育・幼児教育・子ども家庭福祉辞典』[1) では，学級（クラス）を，「保育上の必要性から年齢や人数，個々の特性などを基準に分けられた子どもの集団及びその単位である」と定義し，「子どもの園生活や人間関係の基軸となる帰属集団であり，あらゆる経験を共にする共同体である」と説明している。また，「幼稚園や認定こども園では学級の語が用いられ，保育所ではクラスの語が用いられる傾向にある」としている。このことから，幼児教育機関におけるクラスと学級は同義であるといえよう。

　幼稚園においては，学級は同じ年齢の幼児で編制し，1学級の人数は35人以下を原則とすることが「幼稚園設置基準」に規定されている。一方，保育所にはクラス編制の規定は定められておらず，表4-1に示す通り，子どもの人数に対する保育士の人員配置を年齢ごとに定めた基準となっている。一般的にはその基準に従い複数担任の形

表4-1　学級（クラス）編制及び職員配置に関する基準

施設種・根拠法令	学級編制の基準	人員配置の基準
幼稚園 「幼稚園設置基準」	1学級の幼児数は，35人以下が原則 学級は，学年の初めの日の前日において同じ年齢の幼児で編制することが原則	1学級あたり専任の教諭等1人
保育所 「児童福祉施設の設備及び運営に関する基準」	※クラス編制の規定なし	【保育士の数】 乳児の場合　3人につき1人以上 満1歳以上満3歳未満児の場合　6人につき1人以上 満3歳以上満4歳未満児の場合　15人につき1人以上 満4歳以上児の場合　25人につき1人以上 ※ただし，1つの保育所につき2人を下回ることはできない。
認定こども園 「幼保連携型認定こども園の学級の編制，職員，設備及び運営に関する基準」	満3歳以上児については学級を編制 1学級の園児数は，35人以下が原則 学級は，学年の初めの日の前日において同じ年齢の園児で編制することが原則	【職員の数】 満1歳未満児の場合　3人につき1人以上 満1歳以上満3歳未満児の場合　6人につき1人以上 満3歳以上満4歳未満児の場合　15人につき1人以上 満4歳以上児の場合　25人につき1人以上 ※ただし，常時2人を下回ってはならない。

1 ）中坪史典・山下文一・松井剛太・伊藤嘉余子・立花直樹編『保育・幼児教育・子ども家庭福祉辞典』ミネルヴァ書房，2021，p.165

① 集団における子どもの育ち

でクラスが編制され，保育が展開されている。認定こども園に関しては，満3歳以上児は幼稚園の基準に準じて学級が編制され，満3歳未満児には保育所の基準が適用されている。

　なお，規定上，クラスは同じ年齢の子どもで編制することを原則としているが，園の教育理念により異年齢による縦割りクラスとして編制される場合もある。

　多くの場合，子どもは，登園するとまず自分のクラスの保育室に入り，持ち物の整理をして着替えるなど一連の登園時の活動を行う。入園当初は緊張しがちであったり泣いたりする子どももいるが，保育者に迎えられ，身支度を手伝ってもらい，保育室に身をおきながら周囲の様子をじっと観察している。楽しそうな遊びを見つけたり友だちの姿に関心をもったりしながら，徐々に園の雰囲気を知り，一定期間を経て園生活になじんでいく。子どもにとって，クラスは自分の持ち物がある自分の居場所であり，心のよりどころとなる担任保育者やともに過ごす友だちがいる場所でもある。このように，クラスは子どもが園生活を送るうえでの拠点となっている。

3 ■ クラス担任としての責任

　クラス担任は，園の方針や職員構成，子どもの年齢等によって，一人で行う場合もあれば複数担任の場合もある。これから保育者になろうとする皆さんは，クラス担任になることをどのように受けとめているだろうか。

　クラス担任になるということは，子どもの保育に関する直接的な責任を請け負うことである。さらに，保育者自身も，子どもとともに生活するなかでその言動の一つ一つが子どものモデルとなり，大きな影響を与える存在となる。

　その責任の重大さから，一人で担任を受けもつ場合には，ひときわ緊張や負担感を感じるかもしれない。しかし，一人担任は自分なりの発想や工夫を活かしたり，日々の保育の評価・反省を次の保育に反映させたりするなど，迅速で柔軟な対応がしやすい利点がある。自らクラス経営に取り組むことでやりがいを感じる機会にもなるだろう。一方，複数担任の場合には，目標や方法の共通理解をはじめとして，子どもや家庭の情報共有，対応の報告等，保育者間の連携を十分に行うことが必要である。

　クラス担任としての実務は，保育者としての充実感や喜びも与えてくれることだろう。子どもとともに生活し，体験や感情を共有したり，日々子どもの成長を実感したり，1年の終わり頃にはクラス集団としての成長も期待できる。その過程では，子どもの理解に苦しんだり対応に悩んだりすることがあるかもしれないが，先輩保育者や管理職の助言を受けながら子どもに誠実に向き合っていく過程で，保育者自身もまた担任として成長していくのである。クラス経営が独善的にならないように留意し，園内で積極的に相談や報告を行いながら経験を重ねていってほしい。

クラス経営の計画と評価

1 ■ クラスづくり

　幼児期の教育は環境を通して行うことを基本としている。そのため、園生活のよりどころとなるクラスの環境は、子どもにとって大きな意味をもつ。保育室の物的環境を整えるとともに、保育者と子どもとの信頼関係、子ども同士の関係、さらに園内のほかのクラスや学年との関係、保育者と保護者との関係などの人的環境の構成にも十分に配慮することが必要である。

　担任保育者は、クラスが、子どもが生活し育つための環境としてふさわしい場となるよう、さまざまな視点からきめ細やかな配慮をしている。

【クラスづくりの視点（例）】
・子どもが快適に生活し、遊びを充実させるための環境の構成
・一人一人の子どもと保育者との信頼関係
・子ども同士のつながりと協同的な体験
・クラスのきまりや当番活動
・園行事などへの参加の仕方
・家庭との連携が必要なこととその方法
・配慮が必要な事項の把握と具体的方策
・保健・衛生や安全面への配慮
・ほかのクラスや学年との連携が必要なこと　　など

---

2 ■ 学級経営案の作成

　クラス（学級）は、もともとは形式的に分けられた集団である。子どもは、担任保育者やクラスの友だちとともに生活し活動するなかで、次第に「わたしのクラス」という集団への所属意識が芽生え、日々の園生活を通してクラスの場や空間、ともに過ごす仲間への親しみが深まり、仲間意識が育っていく。1年間かけて、クラスの子どもたちの関係をつくり上げていく営みがクラス（学級）経営であり、子どもが育つ環境としてどのようなクラスをつくりたいかという学級目標を立て、その実現に向けた具体的方策や過程などのビジョンを表した計画が学級経営案（図4-1）である。教育課程や指導計画、保健・安全計画などを含めた保育の全体計画を基盤としながら、担

任保育者は子どもが楽しく充実した園生活を過ごすなかで教育目標に向かって成長していくことを目指して，学級経営案を作成する。

　学級経営案は，クラス担任の創意工夫が発揮される計画であるが，園の教育目標を具現化する計画の1つでもあるため，ほかのクラスや学年との連携も必要である。担任保育者は，年度当初に，子どもの実態を具体的にとらえながら1年間の姿を見通し

○年度　学級経営案

○○幼稚園　2年保育3年保育混合4歳児○○組　　　担任氏名　○○　　○○

1. 園の教育目標

2. 学年目標

3. 学級の実態

4. 学級経営の方針

　(1)　学級目標

　(2)　具体的な手立て

5. 学級経営の重点

1期	2期	3期	4期

6. 配慮を要する事項

7. 家庭との連携

8. 行事

9. 保育室や園庭の環境の構成と整備

10. 指導と評価

1期	2期	3期	4期

図4-1　学級経営案の様式例

て学級経営案を作成する。4〜5月上旬頃までに作成して主任・園長等の承認を得てから園の教職員で共有することが一般的である。

　作成にあたっては，クラスの子どもの人数，誕生月，家庭の状況，通園方法，個々の子どもの特性や配慮を要する事項など，学級の実態を具体的にとらえることがまず重要である。幼児期は個人差が大きくみられるため，その集合体であるクラスの実態はそれぞれ異なる特性をもつことを自覚して，ていねいに実態把握を行うことが大切である。

　クラスの実態把握をもとに，どのようなクラスづくりを目指すかを考えて学級目標を定め，目標に向けた具体的な手立てを見出す。具体的な手立ては，評価を視野に入れ，それができたかできなかったかを明確に見届けられるように記すとよい。

　さらに，1年間の子どもの生活と成長を見通して，学級経営の重点を立案する。発達の時期のとらえ方は園や年齢ごとに異なるが，年間指導計画に示された「期」や学期等を参考にしながら発達の節目をとらえて時期ごとに作成すると，1年間の子どもの育ちを見通しやすく，また，節目ごとに中間時点での振り返りがしやすくなる。図4-1は，年間を4期に分けて立案する学年の例を示したものである。

3 ■ クラス経営の評価

　教育課程や指導計画と同じく，学級経営案もまた計画であり，子どもの実態に即してその都度修正しながら実施される。そして，学期末や期ごとに子どもの姿やそれに対する援助を記録し，学級目標に掲げた姿に向けて子どもが育っているかどうかの振り返りを行い，次の時期の計画を改善して，より実態に即した学級経営を展開していくことになる。このような一連の取り組みが評価である。

　クラス経営の評価は，個と集団の両方の視点から行う。個の視点は，一人一人の子どもがよさを発揮し目標に向けて育っているか，そのための援助が適切に行えたか，という視点である。集団の視点は，クラス集団として子ども同士が認め合い育ち合う関係になっているかどうか，そして保育者は子ども間をつなぎ，よい関係を築くための適切な援助を行えたか，という視点である。

　重要なのは，子どもが育つ過程をしっかりと見つめて援助できたかという点である。計画通りに進めようとしたり，学級目標の達成を急いだりすると，保育者が主導して子どもに計画を押しつけることになりかねない。目の前の子どもに真摯に向き合い理解を深めるとともに，子どもの主体性が発揮されるように子ども同士をつなぐ援助を心がけることによって，かけがえのないクラスづくりが実現する。保育者には，実践の過程を客観的に振り返り，常に自らの援助を省察する姿勢が求められている。

Work 人間関係を育むための保育者の援助

参考資料は，園生活において子ども同士の思いがぶつかり合い解決するまでの一連の場面を記録したものである。Q1からQ4までのワークに取り組み，トラブルを通して子どもの人間関係が育つために，保育者はどのように子どもを理解し援助すればよいかを考えよう。

参考資料：岩波保育DVD「年長さんがつくったおばけやしき——生活発表会に向けて」岩波映像，2003

〈場面の概要〉

5歳児の11月，生活発表会に向けた取り組みのなかで生じたトラブル場面である。

Aが空き箱でおばけを制作していたところ，Bがぶつかってそれを壊してしまう。謝ってほしいAと，謝る気持ちになれないB，2人の言葉のやりとりからそれぞれの思いを読みとることができる。

担任保育者は，それぞれの子どもの思いに寄り添いながら，子ども同士で解決していくことを支える援助をしている。

トラブルを乗り越えた2人の表情からは，より強くなった絆が感じられる。

個人ワーク ✐

Q1 実習記録等をもとに，子どもの思いがぶつかり合って生じたトラブル場面を1つ選び，エピソード記録を書こう。

Q2 Q1の場面に登場した子どもの立場に立ち，それぞれの思いを読みとってみよう。

グループワーク ✐

Q3 Q2で各自が読みとったことを出し合い，トラブルが生じる共通点や相違点を見出して子ども理解を深めよう。

② クラス経営の計画と評価

Q4 保育者はトラブル場面をどのようにとらえ，関わればよいだろうか。援助のポイントを話し合おう。

解説 🔍

　子ども同士の思いがぶつかり合う場面を保育者はどのようにとらえ，援助すればよいだろうか。Workの内容をもとに子ども理解と援助のポイントを解説する。

解説1 ■ 一人一人の子どもに寄り添う

　Bは，自分に非があることはわかっているものの謝る気持ちになれない心境を，自分自身の言葉で伝えている。その後，Aが先生に言いつけに行く様子を少し離れたところで見ていたが，そのとき自分が不利な立場にあることを感じていただろう。そのような状況で，保育者がBの行動を否定しなかったことは，Bの気持ちを軽くしたことだろう。加えて，「もう一度言ってみたら」という言葉で，保育者はBが謝るきっかけをつくっていた。この一連の関わりが援助となり，Bは自分から謝ることができたのだろう。

　一方，Aには，「わざとじゃないのは知ってるけど，謝ってほしいのよね」と気持ちを代弁することで，保育者はどちらの気持ちにも寄り添う姿勢で接していた。

解説2 ■ 個が育ち合う関係をつくる

（1）気持ちを立て直す援助

　「謝ってほしい」と訴えていたAだが，いざBが謝ったときにはバツが悪そうな表情をしていた。保育者が「目を見て言えたらいいね」とうながすことによって，相手の目を見て，表情も口調も明るく「いいよー」と声をかけていた。Bと同じように，Aにとっても，許すきっかけが必要だったのかもしれない。元々仲のよい友だちだからこそ，同じ場で制作していたのだろう。「いいよー」と言ったあと，2人は晴れやかな表情で会話していた。

互いに自分の気持ちを主張し，ぶつかり合うことによって生じたけんかは，保育者に支えられながら，人との関わり方を学ぶ経験となっている。トラブルを乗り越えて子どもが育つためには，互いに気持ちを切り替えて楽しく過ごせるまで，その後の子ども同士の関係を見届けることも重要である。

（2）子ども同士をつなぐ援助

5歳児の秋には，子ども同士の親密な関係ができており，また言葉で伝え合う力が育っているため，保育者は見守ったりきっかけをつくったりするなど，一歩引いた形で2人の子どもの関係をつなぐ援助をしていることがわかる。

トラブルを通して子どもが育つためには，個々の子どもにとって納得感のある解決をすることが大切である。この事例は，「ごめんね」という謝罪の言葉で安易に事態の終結を図ることなく，子ども自身が互いに納得して，自分の気持ちを調整して言葉にすることが大切な経験であることを教えてくれる。

解説3 ■ 集団づくりを視野に入れる

2人の子どものやりとりと解決の過程は，その様子を見守る周囲の友だちにも大きな影響を与え，人との関わり方を学ぶ機会となっている。このような経験の蓄積によってクラスの仲間関係が形づくられていくことをふまえると，保育者には当事者の子どもだけでなく周囲の子どもたちへの影響も視野に入れた援助が求められる。

演習問題

問1 実習で関わったクラスの生活や子どもの姿を思い起こして，自分がクラス担任ならどのようなクラスにしていきたいかを考えてみよう。

問2 問1でイメージしたことをもとに，p.56の図4-1の様式を用いて学級経営案を書いてみよう。

第 5 章 特別な支援の必要な子どもとその対応

本章で学ぶこと

インクルーシブ社会の実現に向けて，多様な価値観を尊重する意識が求められている。保育の場においても，さまざまな背景のある子どもが在籍している。特別な支援の必要な子どもも多く存在する。これまでの学修では，障害の種類やその特性，具体的な保育方法について学んできた。また，教育実習や保育実習では，実際に特別な支援を必要とする子どもと関わることになり，改めて，子ども理解の奥深さを実感した学生もいるのではないだろうか。

本章では，子ども理解とクラス（学級）運営に関する能力を高めるために，特別な支援の必要な子どもの対応について理解することを目標とする。特別な支援の必要な子どもには，障害のある子どもだけではなく，外国籍の子どもなども含まれる。特別な支援の必要な子どもをどのように保育の場に受け入れ，実践していくのかについて考えていく。

1 障害のある子どもの受け入れのポイント

　障害者の権利に関する条約（障害者権利条約）の理念のもと，日本においてもインクルーシブ社会の実現が目指されている。障害を理由とする差別の解消の推進に関する法律（障害者差別解消法）でも，障害を理由とした社会からの排除を否定している。さらに，障害者基本法では，可能な限り障害のある子どもが障害のない子どもとともに教育を受けられるよう配慮することが求められている。医療的ケア児及びその家族に対する支援に関する法律でも，学校や保育所の設置者等に対し，在籍する医療的ケア児に対する適切な支援を行うことが責務として示されている。そのため，幼稚園，保育所，認定こども園等（以下，「園」という）では，障害のある子どもを受け入れることを前提に，保育環境を考える必要がある。また，保育者も勤務する園で，担当するクラスに障害のある子どもが在籍することを想定して，自己研鑽に努めることが求められる。次に，障害のある子どもを園に受け入れる際のポイントについて確認したい。

1 ■ 保護者から情報を得る

　保護者にとって，子どもが自分の手から離れて園に入ることは，成長を感じられるうれしい出来事でもあると同時に，「園になじめるだろうか？」「友だちができるだろうか？」などの不安も感じることだろう。障害のある子どもの保護者であればなおさら，入園する前から子どもの発達について心配や不安を抱えている場合もある。

　保育者は，入園前から保護者と話す機会をつくることで，その不安や心配を共有したり受けとめたりすることができる。わが子の受け入れについて配慮しようとする保育者に対して，保護者は期待もし，信頼関係の第一歩にもなるだろう。

　また，障害の有無にかかわらず，保育とは，それぞれの子どもの実態に即して行われるものである。受け入れ時に，成育歴や障害の程度を知ることはもちろん，子どもが普段，興味や関心をもっていることや好きな遊びなどを知ることは，保育者にとって子どもの支援の手掛かりとなるからである。たとえば，保育室に子どもの好きな遊具があれば，スムーズに室内に入れるだろうし，過ごしにくさを感じる要因があれば，対応を考えることもできる。子どもが安心して過ごせるような保育環境を準備するための重要な情報となる。

　保育者の子どもの情報を得ようとする姿勢は，保護者には「自分の子どものよさや強みを大切に考えてくれている」ととらえられて，信頼関係を築くことにつながる。保育者は，子どもの生活が家庭と園とつながっていることを意識して，保護者と情報を共有し，ともに子どもを育てていこうとする姿勢を示しながら，信頼関係を築いていくことが重要となる。

2 ■ 子どもの視点に立って理解する

　入園すると，それまでの家庭での生活から，園での生活が中心となり，生活が一変する。どのような子どもも，その変化に戸惑うものである。多くの子どもは，園での経験を積み重ねていくことで，徐々に園生活に慣れ，安心して過ごすことができるようになる。一方で，なかなか落ち着くことができなかったり，自分の気持ちを伝えることがむずかしかったりして，保育者にとって「困った行動」をするようにみえる子どももいる。しかし，発達に課題がある子どもや気になる子どもの行動を「困った行動」ととらえるのではなく，子どもの視点に立ち理解しようとするまなざしをもつことで，行動のみえ方が変わってくる場合がある。「困った行動」がみえたとき，それを叱ったり注意したりする前に，まず，子どもの側に立って考えてみよう。

　たとえば，落ちつきがなくうろうろしている子どもがいるときは，保育室に落ちつける場所があるのかを考えてみよう。感情を爆発させて大泣きした子どもがいるとき

① 障害のある子どもの受け入れのポイント　63

には，保育者が子どもの気持ちを受けとめることができているのかを考えてみたい。保育者が日々の保育を見つめ直すことが重要である。

3 ■ 園全体で子どもの成長を見守る

　障害のある子どもの支援はクラス担任が1人で抱え込まず，保育者全員が共通理解のもと，支援を行う必要がある。担任は予期しない行動をとる子どもに戸惑うことも多い。いわゆる「気になる子」である。自分にとって「気になる子」はどのような子どもだろうか？　そこには，個々の保育者がもつ枠組みが関連している。同じ子どもの行動をみているのに，A保育者にとっては気になっても，B保育者はまったく気にならないということはよくある。これは，私たちがそれぞれにものをみるときの枠組みをもっていることによるものである。つまり，私たちは普段，自分の枠組みから物事をみて判断している。子どもをみるときにも，その枠組みは存在している。保育者は，だれでも，自分には枠組みがあることを意識する必要がある。

　担任にとっての「気になる子」や「困った行動」について保育者間で共有し，ほかの保育者の枠組みでとらえ直してみると，違った子どもの理解ができることがある。

　具体的には，園の特別支援コーディネーターや主任などを中心として，保育カンファレンスを行い，子どもの活動への取り組みや他児との関わり，園の環境などを確認する。さまざまな保育者による子どものとらえ方を共有することで，新たな子どもをとらえる視野の広がりに通じる。

　障害のある子どもだけでなく，集団のなかではいろいろな子どもの姿がある。一対一であれば気にならないことも，集団のなかでは問題だととらえられることも多くある。また，保育者との個別の関係ではむずかしいことも，集団のなかでは解決することもある。1人の姿だけに注目して保育を見直すのではなく，集団のなかの子どもの姿，仲間との関わり，仲間の成長も含めて考えることが重要となる。

4 ■ ICFに基づいた子ども理解をする

　診断や障害名に注目し過ぎると，「○○症だから△△だ」と決めつけて子どもを理解することにつながる。子どもの今の姿をさまざまな視点から確認し，子ども理解を深め，どのような支援が望ましいのか検討する必要がある。

　WHO（世界保健機関）が2001年に発表したICF（International Classification of Functioning, Disability and Health：国際生活機能分類）では，「心身機能・身体構造」の異常とされる「機能・形態障害」だけに注目するのではなく，「心身機能・身体構造」「活動」「参加」を個人の健康状態に関わる生活機能の要素と位置づけ，そ

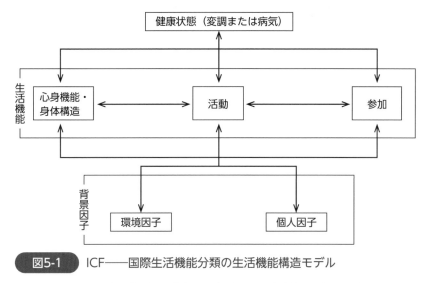

図5-1　ICF──国際生活機能分類の生活機能構造モデル

資料：障害者福祉研究会編『国際生活機能分類（ICF）──国際障害分類改定版』中央法規出版，2002，p.17を一部改変

れらに支障がある状態を，「障害」ととらえている。生活機能の要素に影響を与える背景因子として，「環境因子」と「個人因子」があり，個人の健康状態は，生活機能の各要素と背景因子の相互関係により理解することができる（図5-1）。

　子どもの日常生活の活動性や社会的な参加状況を理解し，子どものよさや強み（個人因子），取り巻く環境（環境因子）を整理すると，子どもの理解が深まり，より広い視野で支援を考えることが可能となる。たとえば，園生活になじめない子どもに，「虫が好き」（個人因子）だから飼育係を設けたり，虫のことを話してもらうなど，関心に基づいた活動につなげてみよう。生き生きと活動に取り組む姿がみられるだろう。

　このようにICFに基づいて，背景因子を含めて子どもを理解することで，俯瞰的にとらえることができる。また，生き生きと取り組む姿は，ほかの子どもにとっても新たな子どもの姿の発見につながるだろう。子どもの環境因子としての園の環境の見直しや社会資源の開発を行うことで，多様な子どもが過ごしやすい保育環境となる。

5 ■ インクルーシブ教育と合理的配慮の観点を参照する

　中央教育審議会初等中等教育分科会は2012（平成24）年に，「共生社会の形成に向けたインクルーシブ教育システム構築のための特別支援教育の推進（報告）」を公表した。この報告書では，合理的配慮とは，「障害のある子どもが，他の子どもと平等に『教育を受ける権利』を享有・行使することを確保するために，学校の設置者及び学校が必要かつ適当な変更・調整を行うことであり，障害のある子どもに対し，そ

| 表5-1 | 学校における「合理的配慮」の観点の項目 |

「合理的配慮」の観点①　教育内容・方法

〈①-1　教育内容〉
①-1-1　学習上又は生活上の困難を改善・克服するための配慮
①-1-2　学習内容の変更・調整
〈①-2　教育方法〉
①-2-1　情報・コミュニケーション及び教材の配慮
①-2-2　学習機会や体験の確保
①-2-3　心理面・健康面の配慮

「合理的配慮」の観点②　支援体制

②-1　専門性のある指導体制の整備
②-2　幼児児童生徒，教職員，保護者，地域の理解啓発を図るための配慮
②-3　災害時等の支援体制の整備

「合理的配慮」の観点③　施設・設備

③-1　校内環境のバリアフリー化
③-2　発達，障害の状態及び特性等に応じた指導ができる施設・設備の配慮
③-3　災害時等への対応に必要な施設・設備の配慮

資料：文部科学省「共生社会の形成に向けたインクルーシブ教育システム構築のための特別支援教育の推進（報告）」
中央教育審議会初等中等教育分科会，2012をもとに筆者作成

の状況に応じて，学校教育を受ける場合に個別に必要とされるもの」であり，「学校の設置者及び学校に対して，体制面，財政面において，均衡を失した又は過度の負担を課さないもの」と定義した。

　また，報告書では，「合理的配慮」の観点として，「教育内容・方法」「支援体制」「施設・設備」に類型化し，各障害種に応じた「合理的配慮」を示した。（項目のみ表5-1に示した。観点の説明や障害種に応じた合理的配慮の内容は報告書を参考にすること）。

　障害者権利条約，障害者差別解消法においては，この「合理的配慮」を行わないことも差別とされている。

　子どもの実態や園の実情に応じて，表5-1の観点を参照しながら，園としてどのような配慮を行うことができるのか，組織的に検討することが求められる。たとえば，表5-1に「①-2-1　情報・コミュニケーション及び教材の配慮」とある。子どもの特性として視覚優位であれば，絵カードやICTなどを活用することができるだろう。

　また，障害者権利条約には「教育制度の全ての段階（幼年期からの全ての児童に対する教育制度を含む。）において，障害者の権利を尊重する態度を育成すること」と示されている。障害のある子どもがクラス（学級）に在籍していなくても，保育者は子どもが今後出会う障害のある人と関わり，インクルーシブ社会を実現させていく社会の一員としての役割を担うためにも，幼児期から障害のある人に関わる正しい知識を身につけられるような保育の展開を図ることが求められる。

地域の専門機関との連携

　障害のある子どもについては，外部の専門機関での相談や指導を受けている場合が多い。医療，保健，福祉，教育分野の専門機関との連携，協働を図りながら支援体制を整える必要がある。特に児童発達支援センターは，並行通園を行っている場合や児童発達支援センターの業務である保育所等訪問支援事業により，専門家が園に来訪し，子どもの支援について検討することになる。地域によっても名称などが異なる場合もあるが，各分野以下のような機関が想定される。

【連携が求められる専門機関（例）】
医療：病院
保健：保健所，保健センター
福祉：自治体福祉課，福祉事務所，児童相談所，児童発達支援センター（療育センター）
教育：教育委員会，教育相談機関，小学校，特別支援学校

　園も含め，各機関が組織内で閉じて支援を考えるのではなく，子どもの長い人生を支える専門機関の共同体としての意識をもち，連携して支援することが重要である。
　就学に際しては，保護者と園で就学支援シートを作成し，それまでの生活の記録をまとめ引き継ぐこととなる。

 ## 個別の（教育）支援計画と個別の指導計画

1 ■ 個別の（教育）支援計画の作成

　2002（平成14）年，内閣府において策定された「障害者基本計画」の施策の基本的方向に，「障害のある子どもの発達段階に応じて，関係機関が適切な役割分担の下に，一人一人のニーズに対応して適切な支援を行う計画（個別の支援計画）を策定して効果的な支援を行う」と示された。また，「教育，福祉，医療，労働等の幅広い観点から適切な支援を行う個別の支援計画の策定など障害のある子ども一人一人のニーズに応じた支援体制を構築する」と示された。それぞれの園が，教育，福祉，医療，

労働などの関係機関と連携・協力し支援体制を確立し，障害のある子どもの生涯にわたる一貫した支援の実現のために，個別の支援計画を作成することが求められている。個別の支援計画のうち，教育機関が中心となって作成するものを個別の教育支援計画という。

　個別の（教育）支援計画を策定する際には，家庭とも連携し，子どもや保護者の意向を十分に理解することが必要である。障害者基本法には，「障害者である児童及び生徒並びにその保護者に対し十分な情報の提供を行うとともに，可能な限りその意向を尊重しなければならない」とある。これは，国と地方公共団体に求められているものだが，教育機関も同様と解釈することができる。

2 ■ 個別の指導計画の作成

　このように，外部の専門機関や保護者と連携して，個別の（教育）支援計画を立てることになる。また，立案した個別の（教育）支援計画をふまえて，個別の指導計画を立案する。

　個別の指導計画作成の際は，クラスの指導計画と関連づけ，集団での連動した計画を立てる必要がある。幼稚園教育要領に「障害のある幼児などへの指導に当たっては，集団の中で生活することを通して全体的な発達を促していくことに配慮」とあるように，クラスの仲間集団の一員であり，生活のなかでの子ども同士の人間関係にも意識した計画の立案が求められる。

　個別の指導計画には「子どもの実態」「支援目標」「具体的な配慮や支援」「評価」を記載していくことになる。それぞれのポイントを説明する。

子どもの実態：自分の見方だけで子どもの実態をとらえず，視野を広くもつことを心がけてほしい。前述したように保護者からの情報や保育カンファレンスなどで得た内容も活かすことが必要である。本人のよさや強みも含めてとらえていこう。

支援目標：長期的な視点と短期的な視点が必要となる。長期的な視点では，将来像を描きながら目標を立て，短期的な視点では，スモールステップで子どもが達成可能な目標を立てることが大切である。実態に合わせて，過度な負担にならないように設定しよう。

具体的な配慮や支援：保育カンファレンスや外部の専門機関からの助言も活かしつつまとめることになる。合理的配慮の観点からどのようなことができるのか，保育者間での共通理解を図り，一貫した支援に取り組もう。

評価：一連のプロセスのなかでも重要である。個別の指導計画は立案することが目的

ではない。計画に基づき実践し，次の計画につながる評価を行うことが必要である。振り返りの視点としては，「子どもの実態に対して，無理のない目標だったのか」「環境は適切だったのか」「クラスの指導計画とリンクしていたか」などがある。

4 外国籍の子どもなどの受け入れのポイント

近年，在留外国人の増加にともない，外国籍の乳幼児数も増加している。また，日本国籍であっても，両親のどちらかが外国籍であることや帰国して間もなく日本語を習得していない子どもなど，外国にルーツをもつ子どもの状況もさまざまである。

保育の場でも外国籍の子どもが増え，対応を工夫しながら実践が行われている。言語や文化の違いがあるなかでの園生活は，子どもにとっても保護者にとってもわからないことが多く不安も大きい。保育者も同様であろう。

異なる習慣や文化のなかで生活する保護者は，わからないことに慣れるのに時間がかかる。さらに，園にもさまざまなきまりや約束ごとがあるため，戸惑うことも多い。そのため，外国籍の子どもや保護者とコミュニケーションを図るためには，工夫が必要となる。次に，外国籍の子どもや保護者を受け入れる際のポイントを紹介する。

1 ■ 母語を利用したコミュニケーションを工夫する

子どもと信頼関係を築いていくためにも，子どもの母語を利用したコミュニケーションの工夫が必要だ。挨拶の言葉や簡単な単語がわかるだけでも，やりとりがスムーズになる。日本では義務教育の段階で英語を学ぶが，外国にルーツをもつ子どもの主な言語が英語とは限らない。しかし，挨拶や簡単な単語を，子どもの母語を使用して語りかけてみよう。言葉の意味がわからないなかで生活する子どもの安心感につながるだろう。

近年では，自動翻訳機が普及し始めているので，活用するのも有効だろう。

2 ■ 視覚的にイメージできるイラストや写真を使用する

園生活のきまりごとなどはイラストや写真を使用して説明することで，具体的にイメージすることが可能となる。特に行事などでは，普段の園生活と違うため，持ち物

なども異なるものになる。わかりやすい日本語を使用しながら，イラストや写真を利用して普段の園生活との違いをていねいに説明することが必要だろう。

3 ■ 子どものアイデンティティを尊重する

　子どものルーツとなる国によって，生活習慣や宗教も異なる。それらは子どものアイデンティティにも関わることとなるので，尊重したい。日本の「当たり前」，園の「きまりごと」を押しつけることのないようにする必要がある。

　たとえば，宗教上の配慮としては，給食に使用する食材（ハラール食など）や着替え（肌を見せることを禁止）などがある。また，日本ではスキンシップを大切にしているが，子どもの身体にふれることをしない文化の国もあるため，身体接触についても注意が必要だ。

4 ■ 子どもの国籍や文化の違いを理解するための保育を展開する

　保育所保育指針には「子どもの国籍や文化の違いを認め，互いに尊重する心を育てるようにすること」と示されている。保育者は意思疎通に苦労するため，子どもや保護者と個別の対応だけに意識してしまう傾向にある。しかし，園での生活では，子ども同士が協同しながら生活している。そのため，子ども同士の関わりをうながしつつ，国籍や文化の違いに対する相互理解と尊重する心の育成に努める必要がある。

　子どもの頃から多文化に対する理解を深めることは，共生社会の実現につながるため，保育者には意識した対応が求められる。

5 ■ 保護者間の交流を図る機会を設定する

　外国籍の保護者が孤立しないように，行事や保護者会などを利用して，外国語が堪能な保護者を紹介することも必要だろう。また，自国の料理や絵本などを紹介する行事を設定することも有効だろう。

6 ■ 自治体などと連携し支援体制を整える

　多くの家庭は入園前から，入国時に生活全般の相談の窓口として自治体や在日外国人の支援団体とつながりをもっている。来日した理由や主に使用する言語，母国の文化や宗教など，その家庭の状況はさまざまである。入園前からその家庭と関わっている支援機関と情報共有しながら，家庭の状況を含めた理解に努める必要がある。

表5-2	外国人の保護者を支援するためのガイドブックやツール	
作成団体	ガイドブックやツール	内容
かながわ国際交流財団	『保育園・幼稚園での外国につながる園児・保護者受け入れガイドブック』	保育者向けに，日本語や日本の習慣を知らない外国人の保護者にどのような配慮が必要か，具体的なエピソードをイラストやマンガを使って紹介している。
	『外国につながる親子のための入園のしおり～保育園での生活や持ちものについて～』	外国人向けの子育て支援のポイントを「言語」「文化」「情報」「連携」の4つのカギに整理し，支援の実践例をイラストで紹介している。
大阪ボランティア協会	『多文化子育て支援ガイドブック「日本語でつたえるコツ」』	子育て支援の担当者に対し，外国人保護者と日本語で意思疎通するためのコツをまとめたもの。外国人保護者と支援者の実際の体験を多く紹介している。
神戸市こども家庭局	「就学前児童施設のための指さしコミュニケーションシート」	就学前児童施設を利用する外国語を話す児童や保護者と，教職員・保育士等とのコミュニケーションを指さしで行うためのシート。英語，中国語，ベトナム語が用意されている。

　自治体では，必要に応じて通訳者を派遣していることもあるので，計画的に活用したい。また，乳幼児期は子どもの体調が急変することがある。さらに，地震などの災害時の緊急対応について，自治体の協力のもとに支援体制の整備が必要となる。

　保育者が日本の「常識」を押しつけないためにも，文化の違いを理解し，子どもや保護者の思いを尊重した支援が必要となる。そのためにも，さまざまなツールを参考にしながら，自園の実態に応じてコミュニケーションを工夫することが求められる。表5-2に，支援団体や自治体で作成している外国人の保護者を支援するためのガイドブックやツールを紹介する。

Work 事例から必要となる特別な支援を考えてみよう

次の事例「保護者の訴えから」を読んだあと、ワークシートのQに取り組み、特別な支援の必要な子どもの対応を学ぼう。

事例 「保護者の訴えから」

C児は日によって、クラスでの活動に入らないことがある。室内をふらついていたかと思うと、保育室を出て行ってしまうこともある。そのたびに、D先生は、E先生（フリーの保育者）に頼み、C児を探してもらい、保育室に連れ戻してもらっていた。しかし、保育室に戻っても落ち着かず、室内をふらふらしていることが多かった。

そのうち、E先生は、C児が多くの場合、にわとり小屋の前で、にわとりに話しかけながら、様子を見ていることに気づいた。

D先生はC児がすべての活動に取り組まないわけではなかったため、主任に相談して、C児がにわとり小屋に行くときは、本人が納得して戻るまでは見守ることにした。すると、C児はE先生がうながさなくても、自分から保育室に戻ってくる様子がみられた。また、日によっては戻ったあと、保育室内をふらつくことなく活動に取り組む姿もみられた。

ある日、降園時、C児の母親から園での子どもの様子について、気になることがあるから話を聞いてほしいと面談の申し入れがあった。保育室で話を聞くと、昼間に用事があって園の近くを通ったときに、にわとり小屋の前でC児が1人でいた姿をみかけたということだった。以前もそのような姿をみかけたので、「いつもほかの園児と遊ぶことなく、1人で過ごしているのではないか不安になった。できるだけ他児と一緒に過ごさせてほしい」と訴えた。

ワークシート ✏

Q それぞれの立場に立って，気持ちをまとめてみよう。

〈C児の気持ち〉

〈D先生の気持ち〉

〈C児の保護者の気持ち〉

解説 🔍

解説1 ■ C児の行動の意味を理解する

　子どもにとって理由のある行動も，保育者は突然のことに「困った行動」ととらえることもある。事例ではC児がにわとり小屋の前で過ごしたあと，自ら保育室に戻ってくることに気づいたことが，C児の行動の意味を理解することにつながった。保育室に戻ったあと，クラスの活動に取り組む姿がみられていることから，にわとり小屋に行くことで気持ちを整理できているのだろう。C児の行動の意味を考え，ルーティーンを尊重することで，自ら保育室に戻る姿がみられるようになったと考えられる。まずは子どもの行動を見守り，前後の様子もとらえつつ，子ども理解に努めよう。

④　外国籍の子どもなどの受け入れのポイント　73

解説2 ■ 情報共有は日常的に行う

　保育者の援助の意図を，保護者に理解されなかった事例である。保護者は園での子どもの様子を知ることができるわけではないので，通りかかったときにみかけた姿や行事などでみた姿がいつもの様子だと思ってしまう。特に，発達に課題があるなどの子どもをもつ保護者とは信頼関係が不可欠である。家庭での様子について情報を得ながら，園での子どもの様子，活動への取り組み，ほかの子どもとの関わりなど，保育者が見通しをもちながら援助していることを伝えることが重要となる。

　また，保護者がどのような思いで子育てをしているかも十分に理解する必要がある。園に対してどのような要望があるのか，保護者の思いを受けとめられるよう，コミュニケーションを図っていこう。子どもは，家庭での姿が園と違うこともある。場合によっては，子どもの姿を共有するため，園での様子をみる機会を設けることも有効だろう。また，個別の（教育）支援計画や個別の指導計画作成の際には，保護者の意向を聞き，方針も伝えて理解を求めたい。

演習問題 **特別な支援の必要な子どもの指導計画や環境構成を作成してみよう**

問1 障害のある子どもが描かれている絵本を1冊選び，障害の理解を目的とした読み聞かせをするための指導計画を立てよう。

問2 外国籍の子どもがクラスにいることを想定して，ほかの子どもに対して，その子どもの母国の文化の理解を促進させるために，どのような環境構成をすることができるか考えてみよう。

第 6 章 保護者との関係構築

本章で学ぶこと

幼児期の教育は、園と家庭とが連携して進めることが重要である。これまで履修してきた保育方法や保育内容、教育課程や指導計画など、さまざまな専門科目のなかで保護者との連携や信頼関係構築の必要性について学んできた。さらに、教育実習・保育実習では、実際に保護者が参加する行事を体験することや、保育者が保護者と対応する場面を見ることから、保護者との連携を学んできた学生も多いだろう。
本章では改めて、保育者として求められる「社会性や対人関係能力」を高めるために、保護者との連携について整理し、保護者との関係を構築する力を身につけることを目標とする。保護者との関係において求められる、保育者の人間性や社会性、コミュニケーション能力、教職員全体の協働性について考えていく。

1 保護者との連携の意義

　保護者にとって、幼稚園、保育所、認定こども園等（以下、「園」という）への自分の子どもの就園は、わが子を初めて預ける機会となる。当然のことながら、どのような園なのか、だれがクラス担任なのかは、どの保護者もとても高い関心をもっている。大切な自分の子どもを初めて別のだれかに託し、自分が見えない空間で知らない時間を過ごすことになるため、心配や不安が大きいことは十分に予想できるだろう。保護者の感情や態度は子どもに大きく影響するので、保護者が園や担任をはじめとする保育者に信頼感をもち、安心して預けてくれなければ、子どもも安心して自分を発揮して過ごすことができない。新規採用の保育者だとしても、養成校で専門性を学び、免許・資格を取得した保育の専門家である。経験が浅くても、一人一人の子どもに愛情をもって関わる姿や、子どもの成長をとらえ一生懸命に伝える姿を通して、保護者の心に寄り添うことはできるだろう。経験が浅いという謙虚さが保護者の不安につながらないよう留意しながら、保育の専門家として自信をもって子どもと関わることが求められる。
　また、核家族化や少子化、情報化などの現代社会のなかで、自分の子育てに孤独感や閉塞感をもち、不安やストレスを抱えている保護者も少なくない。就園の機会が、

同じように子育てに奮闘する保護者同士の出会いの場となり，保育の専門家である保育者のサポートを得られる場となることも大きな意味をもつ。保護者自身も園でいろいろな子どもや大人と接することが，子育ての意識を変えたり，乳幼児期の発達や教育を理解したりする機会にもなる。こうした保護者のさまざまな出会いの機会を支えていくことも，園や保育者の大きな役割となっている。担任であれば，クラス（学級）の子ども一人一人を把握していくことは当然であるが，その子どもの保護者についても一人一人を受けとめ，理解して，信頼関係を築くことが求められている。

　子どもの生活は，家庭や地域での生活経験が園生活へと連続するものである。園生活が子どもにとって豊かな生活体験を広げる場となるためにも，保護者が安定した気持ちで子育てできることが大切となる。さらに保育者は，子どもの背景にある家庭生活やこれまでの成育歴，保護者の子どもへの願いや関わり方を知り，それらもふまえて園での援助を考える必要がある。このように園が保護者と連携することの意義は，①保護者との信頼関係を構築することで，子どもの安定した豊かな園生活につながる，②家庭の様子や成育歴を知ることで，保育者は子どもを総合的に理解し援助できる，③乳幼児期の教育や発達への理解を深めることで，保護者の子育てを支える，の3点にまとめられる。保護者と連携し，関係を構築することは，よりよい保育実践を展開するために欠かせないものなのである。

2　保護者との連携の具体的な取り組み

1 ■ 連携のポイントと具体的な取り組み

　家庭との連携について，幼稚園教育要領，保育所保育指針，幼保連携型認定こども園教育・保育要領には表6-1のように示されている。

　園と保護者との間での情報交換の機会と，園の活動への保護者の参加の機会は，それぞれが独立したもののようにみえるが，決してそうではない。さまざまな取り組みを通して，この2点は関連し合って連携が進んでいく。家庭通信で園の教育方針や教育内容を伝えたり，それを読んだ保護者が園行事に積極的に参加したいと感じたり，園行事で見た子どもの姿を保育者と話し合うことから家庭での子育ての悩みが解決したりというように，連携は進んでいく。保護者が子どもの成長の姿を見ることで喜びを感じることや，園の活動に協力することで充実感を感じることなど，子どもを中心に園と保護者が一体となることで，保育もさらに充実していく。保育者は，こうした活動の企画推進や，保護者の参画全体をコーディネイトしていく役割がある。具体的

な保護者との連携の取り組みは，各園が工夫しているところでもある。表6-2は，保護者との連携の具体例を整理してまとめたものである。

表6-1 家庭との連携

幼稚園教育要領 第1章　第6	2　保護者との情報交換の機会を設けたり，保護者と幼児との活動の機会を設けたりなどすることを通じて，保護者の幼児期の教育に関する理解が深まるよう配慮するものとする。
保育所保育指針 第4章　2　(1)	ア　様々な機会を活用し子どもの日々の様子の伝達や収集，保育所保育の意図の説明などを通じて，保護者との相互理解を図るよう努めること。 イ　保育の活動に対する保護者の積極的な参加は，保護者の子育てを自ら実践する力の向上に寄与することから，これを促すこと。
幼保連携型認定こども園教育・保育要領 第4章　第2	1　日常の様々な機会を活用し，園児の日々の様子の伝達や収集，教育及び保育の意図の説明などを通じて，保護者との相互理解を図るよう努めること。 2　教育及び保育の活動に対する保護者の積極的な参加は，保護者の子育てを自ら実践する力の向上に寄与するだけでなく，地域社会における家庭や住民の子育てを自ら実践する力の向上及び子育ての経験の継承につながるきっかけとなる。これらのことから，保護者の参加を促すとともに，参加しやすいよう工夫すること。

表6-2 保護者との連携の具体例

取り組みの例	内容や留意事項など
家庭への通信 （園だより，クラスだより，保健だよりなど）	・毎月1回など定期的に発行するものと，必要に応じて不定期に発行するものがある。全保護者が受けとる通信としての園だよりや，クラスにだけ配布するクラスだよりがある。 ・保健関係や行事関係は個別に通信を作成するなど，保護者が情報を整理できるよう配慮する。 ・教育方針や保育のねらいや内容，行事の考え方などを伝える媒体となる。 ・保護者の手元に残るものなので，個人情報や表現方法にも留意し，読みやすいレイアウトにする。管理職に見てもらい，修正後に印刷配布となるので，情報発信にタイムラグが生じる。
ホームページ （記事，ブログなど）	・その日の出来事をすぐに知らせることができる。 ・写真を中心に，簡潔な文章を添えるものなので，保護者は読みやすく，視覚的にとらえやすい。 ・一般に広く公開する記事とするか，パスワード管理などで情報にアクセスできる対象を制限するか，園によって方針が異なる。記事の対象を考慮し，それによって，個人のアップは使用しないなど，掲載する写真の方針も異なる。写真が一部の子どもに偏らないよう配慮する。
園長講話，外部講師による講演会など	・幼児期の教育（発達，運動能力，遊びの重要性など），小学校との連携（受験，就学に向けてなど），子育て全般など，保護者が知りたいこと，園が伝えたいことをテーマ設定して開催する。 ・ヨガや親子体操など，保護者自身のリフレッシュになる内容も，保護者同士の親睦や交流となる。

② 保護者との連携の具体的な取り組み　77

掲示板（保育の様子，日常写真，作品など）	・写真掲示や手書きのポスターなど，今日の保育の様子をすぐに伝えることができる。園内の掲示は在園関係者のみが見るものなので，かなり具体的な記述をすることも可能になる。園での様子をすぐに知ることができ，親子の会話のきっかけとなる。 ・子どもの絵や作品を掲示し，それを目にするだけでも，保護者には園での様子が伝わる。
保護者会，クラス懇談会	・クラスの子どもたちの具体的な成長の姿を伝え，今後の保育の予定や家庭への協力依頼などを伝える場となる。 ・保護者も発言する時間を設け，互いに知り合い，交流するきっかけをつくる。「うちの子の自慢！」「マイブーム」「手抜きメニュー」など，テーマを設定し発言しやすいようにする。
個人面談，家庭訪問	・個別に時間を確保して，園での成長の姿や次の目標を保護者と共有する。家庭での生活の姿や，保護者の思いや悩みを聞く。 ・家庭訪問することで，子どもの生活環境や通園経路を知ることができる。また，「先生が来てくれた」ことで，子どもとの関係が深まる機会にもなる。
登園・降園時の連絡，連絡帳，電話連絡	・登園時は，健康状態やその日のお迎えの時間などの確認をして，子どもの把握をする。降園時には，引き渡しの相手を確認し，その日の様子や持ち帰るもの，翌日の連絡事項などを伝える。 ・担任保育者と直接のやりとりができないときはほかの保育者に引継ぎをするほか，連絡帳や個別の電話連絡なども活用する。
保育参観	・日時を決めて，園生活や遊びの様子を見てもらう。いつ頃，どのような姿を見てもらうことがよいかを計画し，ねらいや援助のポイントなども伝えておき参観してもらうとよい。 ・保護者がいることでいつもと違う姿になることもあるが，参観場面の具体的な姿を通して個人面談をすることも有効である。
保育参加	・参観ではなく，子どもと一緒に園生活に参加をしてもらいながら，園について理解してもらう。数人ずつの参加の場合は「お母さん先生」「お父さん先生」として保育者と一緒に保育を担当してもらったり，全保護者が一斉に参加する場合は，行事として親子活動を計画したりする。 ・大人の手が複数あることで可能になる活動（釘打ち，染め物など）を計画したり，保護者の得意なこと（ギター，仕事の話など）を活かしたりすることで，保育の充実を図る。
行事への参加	・入園式，遠足，運動会，子ども会などの行事に一緒に参加することで，園の教育の成果を見てもらう，一緒に活動する場面で子育ての楽しさを感じてもらうなどの機会とする。
ボランティアへの参加	・田植えをする，近所へ買い物に行く，干し柿をつくる，園環境の整備をするなど，不定期に保育者が呼びかけ，希望者が，準備や後片づけに時間がかかる部分や，安全を見守る役，子どもではむずかしい仕事など，ボランティアとして教育活動を支える。
PTA活動，保護者有志の会（同好会，父の会，後援会など）	・保護者同士の親睦を図り，園の教育活動を支えることを目的に保護者主体で組織されている。保育者へのインタビューや行事の取り組みなどを広報誌にまとめて発行したり，PTAが主催して親子観劇会を実施したり，園と相談しながら活動している。 ・行事の手伝い，環境整備のための労力提供，バザーの収益金や寄付金などの経済的支援など，園によって多様な活動がある。 ・就労している保護者に，無理のない参加の配慮も必要となる。

写真6-1 ●表6-2の関連写真　保護者のボランティアによるハロウィンのカボチャ彫りと干し柿づくり

2 ■ 連携の事例──保護者の保育参加

　ある園では，1年間に一家庭の保護者が3回，保育参加できる機会を計画している。「全保護者が参加する行事としての保育参加日」「クラスの4分の1程度の人数が参加するイベントとしての保育参加日」「3名程度の保護者が参加する日常型の保育参加日」である。保護者会で取り組みの趣旨を伝え，年間の予定を知らせておき，参加希望日や保護者の得意なことをアンケート調査して，保護者参加の内容や計画に反映している。保育参加が連携を深める機会となるために，①保護者がどの場面でどのように保育に参加したらよいのか，具体的に伝える，②わが子とふれ合う場面と，クラス内の多くの子どもとふれ合う場面の両方を確保する，③保育者と参加保護者とで簡単な事前打ち合わせや事後の感想・反省の時間をもつことに留意している。
　表6-3は，保護者の保育参加の計画の一部を示した。

表6-3　5歳児学年保護者の保育参加計画（例）

保育参加の種類	内容など
行事としての保育参加 （年に1日設定する）	・竹と杉板，針金を使って，二家族で1組の竹馬をつくり，それで遊ぶ。畑の柵をつくり，釘打ちの体験をする。
イベント型の保育参加 （年に4日設定する）	・七夕製作と七夕まつり・収穫したジャガイモでのカレーパーティー・楽器をもちよって演奏会など
日常型の保育参加 （年に8，9日設定する）	・登園から降園まで過ごし，弁当も一緒に食べる。紙芝居を読む，インタビューに答える，保育補助をするなど

　保護者が保育参加後，園に出した感想文の一部が次である。保育参加が，園生活や教育内容，発達の理解となり，自分の子育てにも活かそうとしていることがわかる。

【保育参加の保護者感想より】

・自分の子どもの1日の生活を見ることができて，安心しました。〈園生活の理解〉

・保育時間が短いと思っていたけれど，一緒に生活をしてみるととても充実した時間を過ごしていることがわかりました。〈園生活の理解・教育内容の理解〉

・意味もなくけんかになる場面もありましたが，仲裁する子がいて感心しました。また，すぐに仲直りをしていて感心しました。〈子どもの発達の理解〉

・娘しかいないので，男の子と遊べて新鮮で楽しかったです。言葉でのやりとりというよりも，体を使って遊ぶ感じで疲れました。〈子どもの発達の理解〉

・同じ年齢でもいろいろな個性の子どもがいることを知り，自分の子どものよいところや課題がみえました。〈子どもの発達の理解〉

・危ないことやいけないことをしているときの先生方の注意の仕方が，とても参考になりました。〈保育者の指導の理解・子育てのヒント〉

Work 事例から保護者への対応を考えてみよう

次の事例「目が痛い…」を読んだあと，ワークシートのQ1からQ5までの問いに数字の順番に取り組み，保護者対応を学ぼう。

事 例 「目が痛い…」

〈場面1〉

8：40に，園の事務室にA児の母から電話がかかってきた。クラス担任は今日の保育についての朝の打ち合わせ中だったため，事務職員が電話を受けた。担任がもらった電話のメモには，

・A児は眼科に寄ってから登園するため，遅刻する
・A児が朝起きて，「目が痛くてよく見えない」と言っている
・昨日，園で友だちに目を痛くされたらしい

と書いてあった。

担任はあわてて，そのメモの内容について園長に報告した。担任には思い当たる出来事がなく，とにかくA児の登園を待つことになった。

〈場面2〉

10：00頃，A児が母親と登園してきた。担任は玄関まで出てきて対応した①。母親の話では，眼科を受診し，医師からは「眼球に傷がついている」と言われ，精密検査を行ったという。幸い，結果は視力などには問題ないとのことだったが，傷が治るまで2週間かかると言われたようだ。母親がA児に話を聞くと，運動会の練習のダンスをしているときに，B児がポンポン（ビニール紐の束）を何度もA児の顔の前でふざけて振っていたようで，そのときにちくっとしたとのことである。昨日の降園時に，園からは何も連絡がなかったので，今朝，A児にその話を聞いて驚いて病院に行ったと，母親は険しい顔で一気に話した。

話を聞きながら，担任は，昨日B児がふざけている姿を思い出し，その際にB児に注意はしたが，A児の目を確認しなかったことを思い起こしていた。

担任は，A児を預かる対応をして，保護者には一度帰宅してもらった②。

早速，担任は，A児とB児に昨日のことを聞いてみると，次のようなことがわかった。B児は，ポンポンで遊ぶのが楽しくて，A児の近くでそれを振ってしまった。

A児はやられている間はちょっと嫌だったけれど，そのときはちくっとしただけで目は痛くなかったので担任には言わなかったということであった。

〈場面3〉

降園時，迎えに来たA児の母親に対応した③。
B児の母親にも残ってもらって対応した④。

---

② 保護者との連携の具体的な取り組み　81

ワークシート ✏

Q1・Q4 あなたが担任だとしたらどのように対応するか，実際に保護者に話しかける言葉で，記述してみよう。

Q1（事例を読んですぐ）	Q4（Q3のあと）
下線①	下線①
下線②	下線②
下線③	下線③
下線④	下線④

Q2 事例に沿って役割を分担して，ロールプレイをしてみよう。事例の概要を頭に入れ，何も見ないで当事者の気持ちになって演じる。役を交代して何度か実践してみよう。

担任役		B児役	
A児の母役		人数に応じて，B児の母役，園長役など	
A児役			

Q3 それぞれの立場に立って，3場面の気持ちをまとめてみよう。まとめたあとは，Q4に記入を行うこと。

	登園時	保育中	降園時
担任			
A児の母			
A児			
B児			
B児の母			

Q5 保護者との対応において，どのようなことが重要か考えて書いてみよう。その後，学生同士で意見交換をしてみよう。

② 保護者との連携の具体的な取り組み　83

解説 🔍

解説1 ■ 保護者対応は日常的に行う

　園生活では，安全に十分配慮をしていても，子どもがけがをすることもある。体の使い方を覚えていく途中でのことや，少しむずかしいことにチャレンジした結果の場合には貴重な学びの機会でもある。くれぐれも，保育者の環境への配慮不足や，危険な状況を放置していたことがないようにしたい。また園で過ごすなかで，食欲がない，いつもと様子が違う，発熱しているなどに気づくこともあるだろう。ほかにも，排泄に間に合わず着替えた，遊びを楽しんだ結果，服が汚れてしまったなど，けがや体調だけではなく，保護者が「どうしたのかな？」と気になるであろうことを保育者から先に連絡するようにし，保護者対応を日常的に重ねることから信頼関係を築いていく。

解説2 ■ 保護者対応は最初が肝心である

　事例のように，電話連絡のメモから，「園内で起こったわが子のことを保育者が知らないのではないか」「園でけがをしていたのに，すぐに病院を受診することができなかった」という保護者の不信感が感じとれただろうか。このような場面では，最初の対応が肝心になる。保護者に心配をかけたこと，園内での出来事を保育者が十分に把握できていなかったこと，病院受診でお手数をおかけしたことなどをお詫びし，申し訳ないという気持ちを伝えたい。受診結果もきちんと教えてもらい，保育者も心配していたこと，けがに対するお見舞いの気持ちなども話せるようにしたい。

解説3 ■ 保護者からの苦言やクレームを前向きにとらえる

　このような事例が起こると，担任としては自信を失うことも多いかもしれない。けがをしていた可能性に自分が気づけなかった，もう一歩，ていねいな対応が必要であったなど，反省することも重要である。子ども同士のトラブルや，噛みつき，いじめられているなど，いろいろな苦言やクレームが届くこともある。なぜそのようなことを保護者が言ってくるのかというと，園の教育に期待しているからであり，担任保育者にわが子をもっとよくみてほしいと願いをもっているからである。こうした期待と願いの裏返しが，苦言やクレームとなっていることをまずは受けとめ，理解したい。

　いろいろな保護者からの申し出に対して，ていねいに向き合う，保育のなかでの手

立てを伝える，自分が改善しようと思っていることを話すなど，前向きに対応してい
くことが大切である。そのような対応をした結果，保護者との信頼関係がそれ以前よ
りも深まったというケースにしていきたいものである。

解説4 ■ 苦言やクレームの受けとめ方と対応法に留意する

　まずは，園内での出来事は担任である自分の責任だという態度で受けとめたい。責
任感がない，誠意を感じられない，言葉遣いや礼儀作法が身についていないなどは，
不適切な対応の原因となる。言葉だけではなくアイコンタクトやうなずき，保護者や
子どもを思う気持ちなどの非言語コミュニケーションも積極的に使うようにしたい。
子どもの気持ちを的確に受けとめる，具体的な保育の進め方を工夫するなど専門性あ
る対応ができるようにしたい。

　そのうえで，保護者がどこに怒りや不安を感じているのか，「受容・共感・反復」
の姿勢で話を聞く。わかってくれたという思いになれば，保護者の感情も鎮まってい
くものである。保育を行いながらの対応になるので，「降園時に続きのお話をさせて
ください」など，時間を区切ってその間にできる対応を進めていく。そのような出来
事が起こった場所や状況など事実確認を行い，子どもやクラスへの指導が必要な場合
には予定を変更して行う，保育体制や環境の点検・改善が必要な場合はその方針を決
めるなど，具体的にできることを行い，保護者へ報告できるようにしたい。

解説5 ■ 関係性へ配慮する

　事例のように，相手があるケースについては，保護者同士の関係が悪くならないよ
うな配慮も求められる。子ども同士のことは保育のなかで解決できるが，保護者同士
の関係がこじれるのはつらいことである。保護者同士が互いにどのように受けとめて
いるのか疑心暗鬼になるよりも，担任を交えて一緒の場で話して事情を共有するほう
がよい場合も多い。担任はどちらかの味方になるのではなく，それぞれの子どもの思
いの代弁者となるようにしたい。けがやトラブルのきっかけとなった当事者の保護者
からも一言「ごめんね」と伝えてもらえると，その後がよい関係で進む。あくまでも
園内のことは自分の責任であるという姿勢で謝罪をするが，併せて，「お母さんから
も一言あると助かります」などと上手なうながしも必要となる。

解説6 ■ 危機管理と再発防止に努める

　電話連絡のメモを受けとった段階で，すぐに学年主任や管理職などに報告すること

も危機管理として大切なことである。クラス内の出来事として自分で抱え込むのではなく，報告・連絡・相談をしよう。事例によっては，担任と管理職とで役割を分担した対応や，担任以外の複数の保育者から保護者に声をかける，ていねいな対応も重要になる。また，こうしたケースがあることを園内で共有することで，似たような状況が起こったときに再発防止を図ることにつながる。

演習問題 **担任になったつもりで「クラスだより」を作成してみよう**

問1 4歳児4月発行を想定して，新年度の挨拶，担任自己紹介，クラス経営の方針，子どもの成長がわかる最近の保育エピソード，今月の誕生児の紹介や来月の予定などを記事にしよう。

問2 5歳児1月発行を想定して，新年の挨拶，冬の健康管理，就学に向けての情報，子どもの成長がわかる最近の保育エピソード，今月の誕生児の紹介や来月の予定などを記事にしよう。

第7章 地域の子育て支援

本章で学ぶこと

子育て支援で支援制度の現状や実践例，家庭・家族のあり方が歴史とともに変容してきたこと，さまざまな家庭の状況と支援のあり方について学んできた。それらの授業で得た知識を活かして，子育てを支援するとはどのような営みか，支援を受ける保護者の何をみていくべきかを考えよう。

本章では，保育者が出会うであろう問題を抱えたすべての保護者を念頭に，主として保育者に求められる子育て支援を考えていくこととする。

なぜ子育てを社会が支援するのか

　子育ての担い手はだれなのだろうか。子どもが生まれたら，その子の保護者が経済的，社会的，文化的な責任を有し，子どもの日々の生活の糧を用意し，必要な世話をして，段階的に社会へ導いていく。これは昔も現代も変わらない。いつの時代も，どのような社会に属していても，子どもは大人の思い通りにはならないし，子どもを養育する大人にがまんや苦労はつきものである。1990年代から「子育ての社会化」「子どもは社会の次世代」「みんなで育てよう」という機運が高まってきたのだが，なぜなのだろうか。

　先進国の一部が巨大な都市となる過程で，核家族が形成された。思い通りにならない子どもと母親が，決して広くない家で2人の時間を過ごす家庭が増加した。この社会の変化が，身近に相談相手や大人同士の交流を楽しむ相手がいない多くの母親たちに，閉鎖感をもたらした。また，男女平等が教育にも浸透し，性別に関係なく社会で資質能力を発揮できる時代になり，多くの女性の社会進出により仕事と家庭の両立を課せられている場合がある。これも多くの母親が疲弊する1つの原因である。また自分の資質能力を発揮して生きがいのある人生を送りたい（送ってよい）社会が実現されたことで，「こう生きたい私」というアイデンティティと，子どもの誕生で新たに求められる「親である私」というアイデンティティの共存が求められるようになった。このことも，母親の疲弊につながっているだろう。

1 ■ 親になることのむずかしさ

　乳幼児の保護者による虐待は深刻な報道がなされている通りである。子育てを社会が支援するという発想は，1990年代の少子化が深刻化し合計特殊出生率が低下曲線を描き始めた時期に，政府が着手したエンゼルプランに端を発している。子育ては保護者の生活設計の範疇ととらえられていたところから，社会が支援すべき営みと認識されるようになった理由の1つめは，保護者の子ども虐待を防止することである。保護者が親として，越えてはならない一線を越える事態が増加している現状は，子どもと生活をともにする人生の構築がむずかしいことを表している。そうした保護者の何らかの問題を解決するために，社会の側をどのように再構築すればよいかを考究し実施することが，ここでいう子育て支援制度である。子育て支援の対象は，保護者の就労の有無にかかわらず，すべての子どもと子どもをもつ家庭である。

　2つめの理由は，少子化を食い止めることである。子どもを迎えることは，生活に変化をもたらすため，不安はつきものである。保護者個人の人生設計からみれば，マイナスに感じられるかもしれない。親に「なる」ことは，出産と同時に生じる変化だけでなく，出産から時間をかけて親に「なっていく」長い道のりでもある。そのように考えると，子育て支援は，その道のりが孤独でつらいものにならないように，またその道のりに希望や喜びもあると伝え続ける長期の支援であることがわかる。

　ここでは，制度の網目に位置づいて支援を行う支援者のまなざしで子育て支援の実践をとらえ，何のための支援であるかを改めて考えていきたい。

　東京都内の保育所を起点に，保育者による子育て支援を自覚的に実践し，現在の子育て支援拠点事業，ひろばの構想の起源ともなった新澤誠治[1]は，彼が運営する子育て支援センターに参加した保護者から，次の賛辞を贈られている。「（省略）漠然とした不安の中で子育てをしている母は大勢います。食べるものに困るわけではなく，子どもにはかわいい服を着せることもできるので，外から見ただけではわかりにくい，甘えだと言われそうな不安感……。そんな時代に伴うたくさんの母親たちの気持ちを理解して，みずべをオープンさせてくれた柔軟さ，時代を読める鋭さに心から感謝しています。（省略）」。

　子育て支援は前述したように，すべての子どもをもつ保護者が対象であり，支援を要する問題の質も程度も個別具体的である。どの人にも不安はあり，保護者の小さな不安が子どもとの生活にほころびをもたらす。ほころびは，保護者単独の努力や時間の経過で自然解消できないことも多い。その現実に，子どもの成長を読みとり援助する専門家である保育者の存在が重要である。

---

1 ）新澤誠治『子育て支援はじめの一歩』小学館，2002, p.136

2 ■ 従来の子育て支援の問題点

（1）保護者の不安，悩み

　乳児をもつ保護者の不安，悩みは，食事・栄養・健康に関することが多い。個人差があることは知っていても気にしないでよいのか，その判断がつかず悩んでしまう。幼児期になると子ども同士の人間関係の不安が増え始め，それは子どもが小学校を卒業するまで続く。子どもが小学校に入学して以降は，人間関係の悩みと並行して学業への心配が重なってくる。保護者の不安や悩みは核となる心配ごとが移っていくだけで，1つの心配ごとが払拭されても，また別の心配が出てきて尽きないのである[2]。そうした保護者にとって，支援（相談の場）の切れ目のないことは，安定した信頼関係を基盤として，家族の現状を本音で伝えやすい場を保障することになるだろう。「切れ目のない」とは，子どもの成長とともに変化する保護者の悩みに応じて，支援の提供主体がたとえば，医師から保健師に替わると，専門性の違いからアドバイスの内容が大きく異なり，保護者が混乱する。そのため，長期的に同じ支援担当者からアドバイスを受け続ける支援の仕方をさす。保護者にとっては，常に自分や家族のことを理解してくれている支援担当者が長期的に関わってくれるため，専門家の判断を仰ぐにも不安が生じにくい。切れ目のない支援は，それ自体が根本的な支援となる。このことは，子どもが人生初期に安定した特定の大人との愛着関係をもてることが，その後の人生における人間関係のもち方に影響することに似ている。大人である保護者にとっても頼れる切れ目のない支援者との関わりは継続することが望ましい。

（2）支援例としてのネウボラ

　フィンランドの子育て支援制度（ネウボラ：neuvola）をモデルとして，近年わが国でもその利点を取り入れた支援システムを実践している自治体が多い。フィンランド語で「neuvo」は「忠告・アドバイス」を意味している。ネウボラは，身体と心の総合的な健康に関する相談所で，地域に点在している。個別具体的な問題を相談し，どのような支援が受けられるか包括的に相談にのってもらうことができる場である。

　また，ネウボラは「切れ目のない支援」を旗印としていることも，大きな特徴である。切れ目のない支援は，特定の相談員が長期にわたって保護者と関係を親密にしながら，医師の診断が必要であれば病院を紹介し，担当医師との連携を図る，という大がかりな連携が実現できる。さらにネウボラは，保育現場や小学校とも連携しており，場合によってはネウボラと病院と小学校が1人の子どもに関する協議を行いなが

---

2 ）吉川はる奈，吉村香「出産後20年でふりかえる母親の子育てにおける不安の特徴」『日本家政学会研究発表要旨集第65回大会』2013

ら，一貫した支援を提供できるシステムになっている。

このようにネウボラの長所は，担当者の継続が長期にわたり個別の理解をベースとした親身な支援実践を，広い連携で可能にしていることであろう。

（3）子育て世代包括支援センター[3]の取り組み──「日本版ネウボラ」

従来のわが国の福祉は，支援を受ける子どもやその保護者にとって，自治体内部の各部署・担当者の考え方で支援の必要性が解釈されてきた。したがって，自治体内での管轄が変わると，支援のされ方も変動を余儀なくされたわけである。子どもを擁する家庭の実態を知り，適正なニーズを把握して支援を提供するという目的は共有できていても，具体的な判断の基準が一貫しておらず，子どもと保護者にとっては，安定した支援を受けられない状況ももたらされた。自治体による安定した支援供給システムが課題となったことは，当然のことであった。自治体の構造よりも，支援される子どもと保護者にとっての安定感を優先したシステムづくりが重要であった。そこでわが国でも，2015（平成27）年の子ども・子育て支援新制度の施行を機に，フィンランドのネウボラを模して各地に子育て支援拠点ができ，増加している。

妊娠し届け出ると，母子健康手帳が交付される。妊娠期間を通じて検診を受けられるのだが，届け出てさえいればその費用も助成される。子どもの健康診断が地域の保健センターで受けられる。生後4か月までに保健師がすべての家庭を訪問する乳児家庭全戸訪問事業もある。出産前は産婦人科医と助産師，出産後は小児科医と保健師の専門的な見識に支えられる[4]。子どもと保護者の生活には連続性と個別性があり，問題は移行するが悩みがなくなることはない。そこで窓口を創設し，適時適切な専門機関での支援を個別に要請することにしたのが，わが国で急速に増えている「日本版ネウボラ」である。しかし，フィンランドのネウボラは「日本版ネウボラ」と異なる点が3点ある。

1つめは，フィンランドでは組織の窓口が継続するのではなく，担当者が継続することである。相談したい不安や悩みを抱える保護者にとっては，継続的に理解を積み重ねてくれる担当者個人への信頼が重要であるとすれば，「日本版ネウボラ」が今後，相談の仕組みを保護者の立場から再考することは喫緊の課題であるかもしれない。2つめは，フィンランドでは家族にも相談の視野を広げ，悩みを抱えている保護者のパートナーや上の子どものケアも行う点である。3つめは，特定の担当者がすべての家庭に，妊娠期から継続して訪問することである。日本の生後4か月にのみ行われる保健師の訪問とは，訪問の趣旨が異なっている。

3）2024（令和6）年より，子育て世代包括支援センターは，「こども家庭センター」となりました。
4）吉川はる奈「妊娠期から切れ目のない支援を模索する日本の子育て支援の現在」『日本家政学会誌』第68巻第12号，2017，pp.704-709

「日本版ネウボラ」の現状は，乳児期の子どもをもつ家庭への支援が主流で，母子保健の領域から大きく踏み出していない。子どもの成長に合わせた保護者の相談内容の変化に対応できる，保育士などの専門性を積極的に組み込んで，相談の継続性と質を高める制度の充実が待たれる。

さまざまな場の特性を活かした子育て支援事業

　幼稚園，保育所，認定こども園等（以下，「園」という）に勤務する保育者にとって子育て支援は，「保育」から独立して成り立っている特別な営みではない。むしろ，子どもの保育そのものが，本来子育て支援にもなる保育に内包された日常的な実践である。子どもの健やかな育ちが実現されていれば，保護者の子どもに関する不安や悩みは軽減し，子どもの言動を前向きに明るく受けとめるコンディションが形成される。保護者には，保育者がわが子と関わっている姿を見て，日頃の自分の関わりを見つめ直し，修正しようとする余裕も生まれやすい。

　保育士は，児童福祉法第18条の4で「保育士の名称を用いて，専門的知識及び技術をもって，児童の保育及び児童の保護者に対する保育に関する指導を行うことを業とする者をいう」とあり，専門性を子どもはもちろん，保護者にも同様に向けることが可能な立場にある。保護者は，わが子を子ども扱いし過ぎて「自分が護り導かねばならない」という気負いから，過度に自分を責めたり，保護者としての自己肯定感を低め，自分で自分を追い詰めた結果，溜め込んだストレスを子どもに吐き出す。このような行為は，保育者との日常的な関係性で抑止できる場合があるであろう。

　ここでは，日常の保育のなかに元々包含されてきた子育て支援を紹介していく。保育者の視点で追体験し，多様に考察してほしい。

1 ■ 幼稚園における子育て支援

（1）預かり保育

　2007（平成19）年に施行された学校教育法で，幼稚園の保育に子育て支援が明確に位置づけられた。これにともない，保護者の共働き比率の上昇や待機児童問題など社会的変化に応じた形で，平日の朝夕，週末，夏休みなどに保育時間を超えて，あらかじめ申し込みをした保護者の子どもを預かる預かり保育が急速に一般化した。

預かり保育は，保護者に緊急の用事が発生した場合，就業といった必要性に加え，保護者のリフレッシュのためにも利用することができる。幼稚園にはほかの学校教育機関と同様に春，夏，冬の長期休みがあるが，とりわけ40日程度に及ぶ夏休みには，多くの幼稚園が夏期保育（名称は「夏期預かり」などの場合もある）を実施している。夏期保育の場合，2学期に向けて子どもたちの気持ちを幼稚園に戻すための慣らし保育の意味合いもある。夏期保育で1日預ける場合，昼食を家庭から持参する園が多いが，なかには通常保育と同等の給食や軽食を用意する園もみられる。

（2）預かり保育に取り入れられる習いごと

預かり保育の内容として，各種の習いごとを取り入れることも私立園には増えてきた。英語，絵画，音楽鑑賞，楽器演奏，体操，サッカーなどのスポーツ，ダンスなど，その種類も豊富になってきている。どのような内容を取り入れるかについては，保護者の意向を反映している場合が多い。参加は任意で有料であっても，保護者の需要は高い。夏期保育中にも習いごとを継続している園もある。幼稚園での集団生活と，本来であれば保護者が個別に習わせる内容が幼稚園1か所ですませられることについて，保護者の要請はますます高まっていくだろう。

2 ■ 保育所における子育て支援

保育所の保育は長時間である。乳幼児期にふさわしい生活を実現するためには，保護者と折り合い，一貫した養育・保育を行うことが不可欠である。したがって，保育所の保育には元来，子育て支援が内包されてきた。乳児の寝返りや歩行をうながし，食を支え，衣類の着脱や排泄の自立を助けるなど，保護者と足並みをそろえる努力が当然のこととして行われてきた歴史がある。

子ども・子育て支援新制度のもとで地域の子育て家庭への園の開放性は高まったものの，保育内容が特段拡大したわけではない。

3 ■ 地域の子育て家庭への子育て支援

子育て支援センターは近年，子育て支援拠点として機能を拡大する傾向にある。子育て広場では，地域の乳児と保護者が1日の数時間を過ごせる場を提供する。また，保育所に入所するほどの事由はないものの，子どもを預ける必要が生じた場合に利用できる一時保育も行っている。地域の子育て家庭からの要請で訪問支援を行う事業者もある。

日本の子育て支援の課題

　保護者の子育てを支援することは，子どもを預かり，保護者の自分らしさを取り戻してもらう方向性と，保護者の心を子どもに向けていく方向性があると考えられる。それは，保護者が求めている「自分自身の生き方の追求」と「親になっていくこと」にそれぞれ合致する2つの方向性である。

　「日本版ネウボラ」がそうであるように，日本の現状では，「子育て支援」制度の対象が乳児とその保護者に軸足をおき，母子保健の領域で医師や助産師，保健師の活動が中心に位置づけられている。しかし，保護者の苦労や悩みの内実が子どもの成長とともに移行すること，個別性を重視した切れ目のない支援が重要であることを考えると，今後は保育者の資質，力量の発揮を明確に位置づけて子育て支援策を講じていくことが重要な課題になるだろう。それは，保育学が名実ともに子育て支援に乗り入れることを意味している。子どもを理解しようとする不断の努力と，今この子どもに必要な経験を感知し，すぐに行為化する保育者の力量は，そのまま保護者の理解と支援にもあてはまる。

　マザー・テレサの言葉に「愛することの反対は憎むことではない。無関心である」というものがある。1990年代から積み重ねてきたわが国の子育て支援に関する努力は，まさに「保護者が支援者から関心をよせてもらった心地よさを感じ，それを安心の基盤として，親としての自分を受け入れられるよう」行われてきた。子育てを社会全体で支援する理由は，貧困の解消など経済政策を必要とする面もあれば，保護者の「漠然とした不安」に向き合う精神的な支えを必要とする面，保健に関する知識を必要とする面など多岐にわたる。すべての保護者が親になっていく道のりで，その時々の不安を分かち合う切れ目のない支援が日本でも目指されている。その支援機能には，生活全般を通して子どもを育成し，もって保護者の不安を緩和する保育者の資質，力量が不可欠である。

Work 各事例から包括的な支援を考えてみよう

次の事例1から事例3を読んだあと，ワークシートのQ1からQ3について考え，学生同士でディスカッションをしよう。

事例 1 「預かり保育をめぐる園長の苦悩」 ➡Q1へ

U幼稚園は，東京都内の閑静な住宅地にある私立幼稚園である。園の預かり保育は平日17時までで，通常保育のクラス担任が交代で担当する。預かり保育を開始した2000（平成12）年度には毎日5，6名程度であった希望者が，翌年から急増した。

幼稚園の保育室で行われる預かり保育は，学年の垣根のない異年齢メンバーで過ごす場であるため，異年齢の交流が自然に発生する利点がある。きょうだい数が減少している地域では，年長児が年少児の世話をしたりかわいがる経験は，双方に意義があると保育者は実感した。しかし一方で，経済的な困窮もない専業主婦の母親たちの預かり保育の利用で，徐々に「保育は17時まで受けられる」という認識に変容し始めた。このことを，園長も保育者たちも危機的に感じとっていた。なぜなら，保護者の子ども観が「長時間をともに過ごすのは苦労な相手」という方向に変容していると考えたためである。

預かり保育の希望者も加速度的に増え，2020（平成12）年度は両親ともに常勤で就業している子どもは8名程度だが，180余名のうち80名ほどが日々希望する。

園長は，日常の送り迎え場面や保護者会などの機会に，幼児期に子どもが家庭で保護者と濃密な関係を生きることの重要さを，意識的に説くようになった。それでも意に介す保護者は多くない。園長は保育者たちとも話し合いを重ね，不本意ではあったが預かり保育を週3日に限定することにした。

事例 2 「先生，私も毎日がんばっています」 ➡Q2へ

V保育園2歳児クラスの担任をしているA先生は，保育歴2年である。2歳児は，排泄，食事，着脱衣の自立を目指す年齢である。そのため，遊びの充実と並行

して，生活行為についても子どもをよく観察することが重要である。一人一人の個性的な成長を知ると同時に，家庭での生活も理解して関わる必要がある。A先生は，同じクラス担任のベテランB先生と連携しながら，最近は午前の遊びを終えて給食に移る前の着替えを主担当として行っている。以下は，A先生が2歳児クラスの担任になった年の11月に語った内容である。

C児は4月生まれで発達も順調なため，今では1人でトイレに行き，おしっこをすますことができる。食事の好き嫌いもほとんどなく，最近は箸を使いごはんを食べられるようになってきた。何事にも安定感があり，ボタンをとめることや月齢の低い他児の世話まで好んで行う。あまりにもしっかり者なので，「おばちゃんぽいですね」とB先生と笑い合うほどだ。

今は，ままごとが好きでエプロンをつけ，食事をつくってはほかの子どもが遊んでいるところへもっていき，「食べて」と差し出す。ブロック遊びをしている子どもにも食事を突然差し出すので，相手は驚いてポカンとすることもある。A先生が「Cちゃんがプリンつくってくれたよ。おいしそうだから食べてみたら？」と子ども同士をつなぐことも多い。

生活面では，C児の今の課題は着脱で，靴下は上手に履いたり脱いだりするのだが，上着の前後を見分けて両腕と頭を決まった穴に入れることがまだむずかしい。左右の区別がついていないせいもあると思っている。先日，お迎えに来た母親から「そろそろ自分でトレーナーを着られると思い，教えているがちっともできない」と相談された。そこで園では，このように援助していると伝えたところ，数日後にはC児が自分でトレーナーを着られるようになった。A先生は感激した。保護者と連携できると，子どもが課題を乗り越えやすくなることを実感した。保育士だけががんばるのは，子どもにとってはダブルバインドになるのだと思い，もっと保育を保護者に伝えていこうと思った。C児も「見て」と得意そうにトレーナーを着るところを見せに来る。「すごいね，Cちゃん。自分で着られるようになると，ママや先生が手伝うまで待たなくても着たいときに着られるね」と，A先生もうれしかった。

ところが，昨日，C児の母親がA先生にこう言いに来た。「先生，私もがんばってるんです。毎日Cに洋服を渡すとき，トレーナーもズボンも靴下も，全部裏に返して渡すようにしているんです。Cは服を表に返してから着るので，服の構造がわかるようになったんだと思います」。保護者は，園での援助の取り組みを，子どもの着替えの上達に向けて訓練することだととらえてしまったようである。

事例 3 「子どもと一時的に別れる保護者」 ➡Q3へ

この事例は，子育て支援センターに頻繁に子どもを一時保育に預ける母親の，子どもを職員に託すときの様子を職員がとらえた内容である。一時保育に子どもを預ける保護者の理由は，きょうだいの保護者会に出席するため，親戚の法事，リフレッシュなど，さまざまである。

子どもを預かる職員が保護者の手から子どもを抱きとるとき，たいていの子どもは泣いて嫌がる。職員は，保護者の微細な手渡し動作から，保護者の子どもへのまなざしが感じとれるときがある。なかには，ものの手渡しのような渡し方をする保護者もいる。保護者にしがみつき，泣き出したわが子に向けるまなざしや言葉にも，「ごめん，ごめん。早く帰るからね。先生と楽しく遊んでいて」と頭をなでてつらそうな表情を見せる保護者もいれば，子どもを職員に託すとホッとした表情で足早に立ち去る保護者もいる。

自分にしがみついて離れまいと泣く子どもを身から離すことに，罪悪感をもつ保護者ともたない保護者，あるいは罪悪感をもてる状態にない保護者がいる。

ワークシート 🖊

Q1 事例1から，預かり保育の方法を変更することについて，保護者にどのように伝えるべきか。また保護者と話し合うべきことは，どのようなことだろうか。

Q2 事例2から，子どもが自分で衣服を着脱できるようになることは，どのような豊かさを実現するだろうか。考えてみよう。

Q3 事例3から，不定期に受ける一時保育では，子どもへどのような配慮が必要か。環境構成，かかわりの側面から考えてみよう。

解説

解説1 ■ 保護者を理解しようとする

　事例1，事例3から読みとれるように，保護者は，一人の大人として自分らしく生きたい人生観と，親として子どもの必要を満たすことのバランスをとることは容易ではない。保育者は，保護者に寄り添い，保護者が自ら両立しようとする力を引き出すことが重要である。保護者が子どもを専門家に預けて自分らしさを追求しようとすることに，事例1の園長は，「子どもの側に立って」と警鐘を鳴らしている。事例3では，自分らしさを取り戻したい気持ちと親として生きようとする思いが，わかりやすく表れている。これらの事例は，支援の対象となる保護者を理解するための視点を提供してくれている。

解説2 ■ 保護者と保育者のとらえに差異が生じた場合の乗り越え方

　事例2にみたように，今この子どもの最善の利益は何かについて，保護者と保育者のとらえに差異が生じた場合の乗り越え方に留意する必要がある。事例2の若手保育者は，着脱について保護者と連携してよりよい保育をしようとしているが，保護者には，子どもの着替えの上達に向けて訓練することとしてとらえられてしまった。こうした機会を，保護者の思いや願いを1つ理解できた出来事として大事にとらえ，その後の相互理解を実現していく道のりが子育て支援といえるだろう。

演習問題 **子育て支援の機能を果たす取り組みを調べてみよう**

問　子育て支援には，「保護者の苦労をやわらげる」機能と，「保護者が子どもと向き合い，つらさを乗り越えるための手助け」の機能がある。各機能をどのような取り組みが果たしているかを調べてみよう。

第 8 章 健康な園生活をつくる

本章で学ぶこと

健康な心と体をつくるためには，乳幼児期の生活リズムの形成が重要である。乳幼児期に適切な生活リズムを形成できなかった場合，その後の成長に悪影響を及ぼしてしまうと言っても過言ではない。これまで履修してきた，領域「健康」に関する保育内容や保育方法，教育課程・全体的な計画のなかで，子どもが健康で安心・安全な園生活を送るために，保育者にはどのような配慮（安全教育・安全管理・組織管理など）をもとに，保育実践を行う必要があるのか学んできた学生も多いだろう。

本章では改めて，乳幼児期の健康と関連の深い「アレルギー」「食育」「午睡」「感染症」に焦点を当て，子どもが健康で安心・安全な園生活を送ることができるような園生活を形成するために，保育者が特に心しておくことを整理し，知識や技術として身につけることを目標とする。

① アレルギー

近年，生活環境の変化にともない，アレルギー疾患を抱えている子どもも少なくない。アレルギー疾患といってもさまざまな種類があり，気管支ぜん息，小児ぜん息，アトピー性皮膚炎，アレルギー性鼻炎，花粉症，アレルギー性結膜炎，食物アレルギー，蕁麻疹などが存在する。特に乳幼児がかかりやすい代表的なアレルギー疾患には，食物アレルギー，アナフィラキシー，気管支ぜん息，アトピー性皮膚炎，アレルギー性結膜炎，アレルギー性鼻炎などがあげられる。

厚生労働省「保育所におけるアレルギー対応ガイドライン（2019年改訂版）」によると，乳幼児期の各アレルギー疾患と関連の深い保育所での生活場面は，表8-1に示す通りである。アレルギーの種類にもよるが，乳幼児がかかりやすいアレルギー疾患を保育所での生活の場面でみていくと，各アレルギーともに「長時間の屋外活動」に配慮が特に必要である。アレルギーの種類では，アトピー性皮膚炎については，幅広い生活の場面で配慮が必要となる。

子どもが保育現場で何気なく生活しているなかに，各アレルギーはいつ発生しても

おかしくない状況にあることがわかる。

保育所保育指針（以下，「指針」という）には「アレルギー疾患を有する子どもの保育については，保護者と連携し，医師の診断及び指示に基づき，適切な対応を行うこと。また，食物アレルギーに関して，関係機関と連携して，当該保育所の体制構築など，安全な環境の整備を行うこと。看護師や栄養士等が配置されている場合には，その専門性を生かした対応を図ること」と示されている。

アレルギー疾患を有する乳幼児のなかには，緊急性の高いアナフィラキシーショック症状におちいる場合もある。そのときには，居合わせた教職員がエピペン®を保護者に代わって乳幼児に注射することもある。

U認定こども園に通園している子どものなかで，エピペン®の使用が必要となるアレルギー疾患を抱えている子どもの対応事例を紹介する（表8-2）。

アレルギー疾患に対して，特にクラス担任が心しておくことは，次の4点にまとめられる。

① アレルギー疾患を抱えている子どものアレルギーの特徴を理解しておく。
② 医師の診断指示に基づき，日頃から保護者と連携しておく。
③ 担任だけでなく，全教職員に該当する子どものアレルギーに対する共通理解を図り，組織的に対応できる体制を組んでおく。
④ 緊急時の対応を想定し，日頃から関係機関（嘱託医・消防署など）と連携を行っておく。

アレルギー疾患は環境や年齢によって変化することもある。小さな変化も見逃さないように日頃から保護者と密に連携し，緊急時に適切な対応がとれるようにしておくことが大切である。

表8-1 各アレルギー疾患と関連の深い保育所での生活場面

生活の場面	食物アレルギー・アナフィラキシー	気管支ぜん息	アトピー性皮膚炎	アレルギー性結膜炎	アレルギー性鼻炎
給食	○		△		
食物等を扱う活動	○		△		
午睡		○	△	△	△
花粉・埃の舞う環境		○	○	○	○
長時間の屋外活動	△	○	○	○	○
プール	△	△	○	△	
動物との接触		○	○	○	○

○：注意を要する生活場面　　△：状況によって注意を要する生活場面
資料：厚生労働省「保育所におけるアレルギー対応ガイドライン（2019年改訂版）」2019, p.4

表8-2　エピペン®を必要とする乳幼児の対応事例

年齢：1歳児　性別：女児　アレルギー名：食物アレルギー（卵・乳製品）
〈受け入れに対する事前対応〉 ・園内研修を実施し，全職員にエピペン®の対応手順を周知した。 ・該当する子どもの保育室だけでなく，全保育室にエピペン®使用マニュアルをラミネートし，リングをつけ，目につき，すぐに手にとり，確認できる壁に配置した。
〈アレルギー発生時の対応方法〉 「A子（園児名）　アレルギー症状が出た場合の対応」 ① 蕁麻疹などの皮膚症状だけの場合は，付着した食べ物を洗い流し，預かっている薬を看護師が内服させる（看護師不在の場合は，すぐに保護者に連絡する）。 ② エピペン®を使用すべき症状が1つでも出現した場合（パンフレット〈「食物アレルギー緊急時対応マニュアル」東京都保健医療局〉参照），エピペン®を注射する。症状が明確でなくても，迷わず注射してよい。 ※誤食していなくても，蕁麻疹が出ることがある。その場合は内服してよい。
〈エピペン®使用後，緊急搬送する場合の対応方法〉 ① 救急車に同乗する人：発見者（または子どもの様子を一番身近で見ていた人） ② 持参するもの：使用済のエピペン®，個人カードなど（生活管理指導表・投薬指示書のコピー，症状チェックシート，着替えセット，園の携帯電話） ※緊急時は子どもの命を守るため，エピペン®対応後に119番に連絡する。保護者や園長への連絡は対応後に行う。

2　食育

　近年，食生活を取り巻く環境は，社会環境の変化にともない大きく変化してきている。たとえば，基本的生活習慣の乱れから，朝食欠食の子どももみられ，正しい食生活を送ることができない子どもたちの問題も指摘されている。

　食べ物を食べることは，単に栄養を体内に取り込むことだけではない。生命を維持し，子どもが健やかに成長するための源となり，健康で安心・安全に楽しい園生活を送るために必要なことである。さらに栄養補給や空腹を満たすことだけではなく，食事を通して豊かな食生活の体験や，伝統的な文化にふれること，一緒に食事する人との交流や会話を楽しむなど，多岐にわたる。

　幼稚園教育要領には「健康な心と体を育てるためには食育を通じた望ましい食習慣の形成が大切であることを踏まえ，幼児の食生活の実情に配慮し，和やかな雰囲気の中で教師や他の幼児と食べる喜びや楽しさを味わったり，様々な食べ物への興味や関心をもったりするなどし，食の大切さに気付き，進んで食べようとする気持ちが育つようにすること」と示されている。

| | | 表8-3 | U認定こども園の全体的な計画・教育課程（一部抜粋） |

		0歳児	心地よい雰囲気のなかで，食べる楽しさを知る。
食育	食を営む力の基礎	1歳児	安定した生活リズムをつくり，食べる楽しさを知る。 自分で食べる意欲を高める。
		2歳児	自分で食べる楽しさを知り，食材に興味をもつ。 だれかと楽しみながら食事をするなかで，少しずつマナーを覚える。
		3歳児	保育者や友だちとともに食べる楽しさを知る。 基本的な食事マナーを身につける。
		4歳児	いろいろな食材・料理と，体の動きに興味をもつ。 栄養バランスを知り，食欲につなげる。
		5歳児	栽培，収穫，調理を通して食材に対する感謝の気持ちを育む。

　表8-3に，U認定こども園の全体的な計画・教育課程にあげられている食育の一部を紹介する。

　食育の実施には，各年齢に応じた対応が必要である。0歳児では，まず食べる楽しさを伝えることが重要である。1歳児では，生活リズムを形成しながら，自分で食べる意欲を高めるような環境構成も必要である。2・3歳児では，友だちや保育者とともに食事することの楽しさを感じながら，食事に対するマナーを身につける必要がある。4・5歳児では，いろいろな食材があることを知り，どのように食材が栽培・収穫されるのかその過程を知ることや，自らが体験するなどの経験を通して，食材に対する感謝の気持ちや食材を粗末や無駄にしないなどの気持ちを育むことが求められる。

　食育に対して，特に保育者が心しておくことは，次の4点にまとめられる。

①　望ましい食習慣の形成が行われるように，心地よい雰囲気を構成し食べる楽しさを伝える。

②　豊かな食生活体験や伝統的な文化にふれる経験を考慮する。

③　食事を通して基本的な食事のマナーを身につける。

④　栽培，収穫，調理を通して食材を大切にし，感謝の気持ちを育む。

　食育の実施は，家庭での食生活も大きく影響してくるため，園だけの取り組みではなく，家庭や地域（栽培や収穫体験）と連携しながら実施することが求められる。

午睡

　保護者の就労形態の多様化，女性の社会進出にともない，保育現場で長時間過ごす子どもたちも少なくない。長時間にわたる保育のなかでは，子どもの年齢や発達段階を考慮し，生活リズムを構成していく必要がある。その生活リズムの1つとして，午睡があげられる。

　指針には「午睡は生活のリズムを構成する重要な要素であり，（省略）在園時間が異なることや，睡眠時間は子どもの発達の状況や個人によって差があることから，一律とならないよう配慮すること」と示されている。

　近年，生活様式の多様化にともない，子どもの生活リズムが乱れ夜型になる子どもがいる。そのため，遅寝・遅起きの習慣が身につき，園に登園しても睡眠不足が影響して遊びに集中できない，すぐにイライラするなどの姿がみられる。しかし，「寝る子は育つ」「寝る子は育つ親助け」ということわざもある通り，睡眠は，子どもの成長に非常に大切なものである。

1 ■ 午睡の流れ

　U認定こども園の1歳児と3歳以上児の1日の流れの目安を，表8-4に紹介する。大まかな流れであるが，午睡の詳細な時間を年齢ごとにみていくと，昼食後，0歳児は約3時間，1歳児は約2時間45分，2歳児は約2時間30分，3歳児は約2時間，4歳児（8月まで）は約1時間40分の午睡時間を設けている。

　4歳児の8月以降と5歳児は，小学校以降の生活や学習の基盤の育成につながることを考慮し，U認定こども園では午睡は実施していない。

　指針にも示されているように午睡は，月齢・年齢，家庭での生活時間，個人差も大きく影響していることを考慮し，一人一人の状況に応じた配慮が必要である。

2 ■ 午睡時の配慮事項

　午睡中に保育者は，何に配慮する必要があるのかみていく。午睡の場所は各園によって異なるが，各保育室やホールなどで行う場合が多くみられる。その際に保育者は，子どもが快適な睡眠を得られるような睡眠環境を構成しなければならない。

　たとえば，部屋の室温が子どもに適しているか，湿度が保たれているか，部屋の明るさは適切であるか，騒音はないかなどの確認を行い，子どもが安心して眠ることが

| 表8-4 | U認定こども園の1日の流れ |

~1歳児~

時間	保育内容
7：00～	登園
9：00～	受け入れ・自由遊び
9：30～	朝の活動
10：00～	おやつ
10：15～	主活動
11：00～	昼食
11：50～	午睡
14：35～	起床
15：00～	おやつ
15：20～	降園準備・帰りの活動
15：30～	順次降園
16：00～	延長保育

~3歳以上児~

時間	保育内容
7：00～	登園
9：00～	受け入れ・自由遊び
9：30～	朝の活動
10：00～	主活動
11：45～	昼食
12：30～	午後の活動／3・4歳児は午睡
15：00～	おやつ
15：20～	降園準備・帰りの活動
15：30～	順次降園
16：00～	延長保育

※4歳児は8月まで午睡有

| 表8-5 | U認定こども園における午睡前後の確認事項 |

確認時	確認事項
午睡前	・口内に食べ物が入っていないか確認する。 ・午睡用の布団に誤飲につながるものなどが転がっていないか確認する。 ・落ちついて午睡ができるように保育室内の照明を暗くする（子どもの表情が確認できる明るさ）。 ・落ちついて午睡ができるように室内の温度，湿度を一定に保つ（目安：室温25℃程度，湿度40～60％程度　※季節に応じて前後する）。
午睡時	・0歳児は5分に1度，1歳児は10分に1度ブレスチェックを行う。 ・午睡チェック表に記入を行う。 ・うつ伏せや横向きになっている子どもは，仰向けの体勢に直す。 ・子どもの状態を確認する際は，遠くからの目視のみの確認ではなく，子どもの傍で，手でふれながら確認を行う。

できる睡眠環境を確保することが重要である。

　1歳未満の子どもは，乳幼児突然死症候群（SIDS：Sudden Infant Death Syndrome）への予防が不可欠である。死の一因であるとされているうつぶせ寝を防ぐ必要があるため，特に1歳児までは午睡時には仰向けの体勢で寝かせる必要がある。

　午睡時の子ども全体への対応では，約5～10分おきにブレスチェックを行う。ブレスチェックとは，子どもの呼吸確認を行うことである。呼吸確認を行うと同時に，顔

色，体調の変化の有無，吐き戻しの有無，体温，布団が顔にかかり窒息の危険性がないかなどの確認を行う。表8-5に，U認定こども園の午睡前後に保育者が行う確認事項の一部を紹介する。

午睡に対して，特に保育者が心しておくことは，次の3点にまとめられる。

① 子ども一人一人の年齢，発達段階や状況に応じた配慮を行う。
② 保護者と連携し，家庭での睡眠状況の把握を行う。
③ 子どもが快適な睡眠を得られるような睡眠環境を構成する。

午睡は，年齢や発達段階，家庭の生活習慣に応じて必要度が異なるため，子どもの日々の様子や家庭の様子などを把握しながら，状況に応じた配慮を心がけることが大切である。

④ 感染症

保育現場は集団生活の場であるため，子どもの体調に変化が発生した際には，子どもの状態を確認し適切な処置を行う必要がある。特に保育所・認定こども園には，抵抗力の弱い乳児も登園しているため，感染症が疑われる場合には，嘱託医や看護師などを通じて，適切に対応しなければならない。適切な処置が行われなかった場合，感染症が園内に蔓延してしまう可能性がある。迅速かつ適切な行動が保育者には求められる。

感染症について，指針には「感染症やその他の疾病の発生予防に努め，その発生や疑いがある場合には，必要に応じて嘱託医，市町村，保健所等に連絡し，その指示に従うとともに，保護者や全職員に連絡し，予防等について協力を求めること。また，感染症に関する保育所の対応方法等について，あらかじめ関係機関の協力を得ておくこと。看護師等が配置されている場合には，その専門性を生かした対応を図ること」と示されている。さらに，こども家庭庁「保育所における感染症対策ガイドライン（2018年改訂版）」（2023（令和5）年5月一部改訂）では，「保育所で特に注意すべき主な感染症の感染経路には，飛沫感染，空気感染（飛沫核感染），接触感染，経口感染，血液媒介感染，蚊媒介感染があり，それぞれに応じた対策をとることが重要である」と示されている。

表8-6には，学校保健安全法施行規則第18条に示されている第2種感染症の種類，第19条に示されている出席停止の期間の基準を整理してまとめている。

感染症予防として，①手洗い・うがい，②接触感染が懸念される場合は，使い捨

手袋の着用，③飛沫感染予防として，マスクの着用，④汚染物との接触が予想される場合は，ガウンの着用などを行う必要がある。さらに，感染症が疑われる子どもがいる場合には，保護者の迎えまで個室に隔離するなどの対策が必要である。

感染症予防には，子どもたちの健やかな育ちが保障されるように，全教職員が子どもの健康と安全に関する共通認識を深め，感染症対策の正しい知識を身につけ，組織的に取り組むことが求められる。

表8-6　感染症の種類と出席停止期間の基準について

病名	出席停止期間の基準
インフルエンザ（特定鳥インフルエンザを除く）	発症したあと5日を経過し，かつ，解熱したあと2日（幼児にあっては，3日）を経過するまで。
百日咳	特有の咳が消失するまで又は5日間の適正な抗菌性物質製剤による治療が終了するまで。
麻しん	解熱したあと3日を経過するまで。
流行性耳下腺炎	耳下腺，顎下腺又は舌下腺の腫脹が発現したあと5日を経過し，かつ，全身状態が良好になるまで。
風しん	発しんが消失するまで。
水痘	すべての発しんが痂皮化するまで。
咽頭結膜熱	主要症状が消退したあと2日を経過するまで。
新型コロナウイルス感染症	発症したあと5日を経過し，かつ，症状が軽快したあと1日を経過するまで。
結核	病状により学校医その他の医師において感染のおそれがないと認めるまで。
髄膜炎菌性髄膜炎	

資料：学校保健安全法施行規則第18条，第19条をもとに筆者作成

感染症予防のための取り組み

保育者が保育教材を消毒する様子　　　保育教材を乾燥させる様子

写真8-1 ●幼保連携型認定こども園　みどりのもり／群馬県

感染症に対して，特に保育者が心しておくことは，次の4点にまとめられる。

① 感染症が発生しないために，日頃から感染予防に努める。

② 感染経路を考慮し，それぞれに応じた対策をとる。

③ 感染症の種類と出席停止期間の基準（表8-6）について理解しておく。

④ 嘱託医や看護師と連携し，適切な対応を行う。

感染症は，季節により流行が異なるものや，年齢によりかかりやすいもの，新型感染症など，さまざまである。保育現場においては，感染症が蔓延しないように日頃から予防に努め，発生時には嘱託医や看護師と連携し，早期に適切な対応を行うことが重要である。

Work | アレルギーの疑いがある子どもへの対応を考えてみよう

次の事例「えびアレルギー？」を読んだあと，ワークシートのQ1からQ4までの問いに数字の順番に取り組み，クラス担任としてどのように対応したらよいかを学ぼう。

事例 「えびアレルギー？」 3歳児 女児（B児） 3月生まれ

〈場面1〉

給食（えびの天ぷら，うどん，野菜のお浸し，麦茶）を食べたあと，午後は思い思いの遊びを行う。クラス担任が遊びの様子を見ていると，B児の首元が赤くなっていることに気づく。近くに寄り，首元を確認すると，直径5cm程度の蕁麻疹が出ていることに気づく。家庭からは食物アレルギーについて報告を受けていなかった①。しかし，担任は食物アレルギーの可能性があるのではないかと感じてB児を別室に連れて行き，洋服を脱がせて確認してみると，腹部にも蕁麻疹が出ていることが確認できた。

〈場面2〉

担任はすぐに園長にB児の状況を報告しに行く。園長もB児の母親から食物アレルギーの報告は受けていない。園長は担任に，B児の母親から食物アレルギーの報告はなかったのか再確認する。担任はB児の母親から報告を受けていないことを園長に伝える。

〈場面3〉

母親は専業主婦であるため，自宅にいる可能性が高い。すぐに担任からB児の母親に連絡を入れるように園長が指示を行う。緊急連絡先に指定されているB児の

④ 感染症 107

母親の携帯電話（自宅に固定電話は所持していない）に連絡を入れるが連絡が
つかない状況が続く②。その間にB児の蕁麻疹が全身に広がりはじめ，顔にも広
がってきた。母親に連絡がつかないため，2番めの緊急連絡先に指定されている
父親の職場に連絡を入れ食物アレルギーの有無の確認を行うが，蕁麻疹は聞い
たことがないという。父親は，自分はすぐに園に向かえないので，実家の母親
（B児にとっては祖母）を園に向かわせると返答した。対応している間に降園の
時間になっていたが，B児の体調面を考慮し園バスには乗せられないと判断し
た。園長と協議の結果，祖母の到着を待たず担任が自宅まで連れていくことに
なった。

〈場面4〉
担任が自宅まで送り届けている間に，園にB児の母親から「体調が悪く寝てい
た」との連絡が入った。園から状況を説明すると「この間もえびを食べたら蕁
麻疹が出ました。私（B児の母親）もえびでアレルギーが出るんです。体調が悪
かったから蕁麻疹出ちゃったのかなぁ？③」と返答があった。園から「今後の
給食はアレルギー除去食にしておきますか？」とたずねると，「大丈夫です。B
はえびが好きなんで！」と母親は答える④。
一度，病院へ連れて行きアレルギーの検査をするようにと園からお願いをした
が，そのあと母親がB児を病院へ連れていくことはなかった⑤。

ワークシート✏

Q1・Q3 あなたが担任だとしたらどのように対応するか，実際の場面を想定し記述
してみよう。

Q1（事例を読んですぐ）	Q3（ロールプレイのあと）
下線①	下線①
下線②	下線②
下線③	下線③
下線④	下線④
下線⑤	下線⑤

Q2 事例に沿って役割を分担して，ロールプレイをしてみよう。事例の概要を頭に
入れ，何も見ないで当事者の気持ちになって演じる。役を交代して何度か実践
してみよう。ロールプレイ終了後は，Q3に記入を行うこと。

担任役		B児の母親役	
園長役		B児の父親役	
B児役			

④　感染症　109

Q4 各役を演じた感想を記入してみよう。

解 説 🔍

解説1 ■ 子どもの小さな変化も見逃さない

　この事例では，事前に保護者からB児に対して，食物アレルギーの報告はされていない。言い換えれば，今回のケースは，担任が子どもの様子をよく観察し，小さな変化（首元が赤くなっている？）に気づけたため発覚した。気づいたときに，担任が「汗をかいて，引っかいてしまったのかな？」と判断した場合，洋服を脱がせ，腹部などの確認までにつながらず，アレルギー反応に気づけなかったかもしれない。そのようなことを考えると，担任は子どもの健康については，常に注意を払い，小さな変化も見逃さないようにしなければならない。

解説2 ■ 緊急時こそ冷静な判断・組織対応を行う

　今回のように，担当する保育室で発覚したケースであっても，担任が自己判断するのではなく，すぐに園長などに相談することも重要である。緊急時には担任（自分）自身も動揺してしまう場合も考えられるため，複数で対応することが重要である。さらに，常日頃から子ども一人一人の健康状態を念頭におくとともに，確認できる資料をわかりやすくまとめ，ファイリングしておくことも必要である。

解説3 ■ 各アレルギーに対する知識を身につけておく

　園で提供する給食は，アレルギーがないとされている子どもでも，その日の体調や成長の過程で突然，発症するケースも考えられるため，全員に注意を払う必要がある。さらに，エピペン®の使用が必要とされる子どもがいる際には，担任だけではな

く，園全体で対応できるように園内研修などを実施し，正しい知識を身につけておくことが求められる。

解説4 ■ 日頃から保護者との連携を深める

今回の事例では，母親が病院へ頑なに行かない理由がほかにあった。担任はB児がのんびり屋さんであると感じつつ「気になる子」としても認識していた。母親も子どもが成長してくるにつれて不安が大きくなってきているようで，担任にそれとなく気持ちを伝えていた。園は「アレルギー検査をしてきてください」というお願いをしたが，病院に行き，子どもの発達のことで医師に指摘をされたら怖い，という母親の本音が隠されていた。

演習問題 担任になったつもりで食育計画，午睡時の注意事項を作成してみよう

問1 3歳児の4月を想定して，食育計画を作成してみよう。その後，各年齢（0～5歳児）の4月を想定して，食育計画を作成してみよう。

問2 表8-5「U認定こども園における午睡前後の確認事項」を参考に，0・1歳児の午睡時の注意事項を作成してみよう。

④ 感染症　111

第9章 安全な園生活をつくる

本章で学ぶこと

幼稚園，保育所，認定こども園等（以下，「園」という）における安全に関する指導は，遊びや園生活全体を通して，子ども一人一人の実態に即して日常的，重点的に行われるものである。子どもは園で安心して伸び伸びと全身を使って遊ぶなかで，安全について保育者からの適切な働きかけのもと，その構えを身につけることができるようになっていく。安全についての構えを身につけるとは，子どもが自分で状況に応じて機敏に体を動かし，危険を回避するようになることであり，安全な方法で行動をとろうとするようになることである。

こうしたことについて，これまで，保育内容や保育方法，教育課程や指導計画などに関する科目で履修するとともに，教育実習ではその実際を学んできている。

本章では改めて，保育者として求められる「保育内容などの指導力」を高めるために，園における安全に関する教育の内容を整理して確認するとともに，保育を展開するうえで危険を想定して対応していくことなどについて学んでいく。

1 幼稚園，保育所，認定こども園における安全に関する指導の根拠となる法令など

根拠となる法令と関連する資料などを確認する。幼稚園，保育所，幼保連携型認定こども園等はそれぞれの施設が担う機能があり所管が異なっている。このことにより，基づく法令などもそれぞれである。しかし，子どもの安全な生活をつくるという観点は共有するものであり，保育内容はおおむね共通となっている。

1 ■ 根拠法令など

（1）学校保健安全法（幼稚園，幼保連携型認定こども園）

学校における保健管理と安全管理に関して必要な事項が定められている。学校安全には事故，加害行為，災害などの予防と危険などの発生時の適切な対処に関する規定がある。学校安全計画や危機管理マニュアルの策定も，本法令の規定によるものである。

（2）幼稚園教育要領（幼稚園，幼稚園型認定こども園）

　第1章総則の第3教育課程の役割と編成等に，「幼稚園生活が幼児にとって安全なものとなるよう，教職員による協力体制の下，幼児の主体的な活動を大切にしつつ，園庭や園舎などの環境の配慮や指導の工夫を行うこと」と示されている。

　第2章ねらい及び内容の領域「健康」において，安全についての指導にあたって，「情緒の安定を図り，遊びを通して安全についての構えを身に付け，危険な場所や事物などが分かり，安全についての理解を深めるようにすること。また，交通安全の習慣を身に付けるようにするとともに，避難訓練などを通して，災害などの緊急時に適切な行動がとれるようにすること」と示されている。

（3）保育所保育指針（保育所，保育所型認定こども園），幼保連携型認定こども園教育・保育要領（幼保連携型認定こども園，認定こども園全般）

　第2章保育の内容の「3歳以上児の保育に関するねらい及び内容」の項に，安全についての指導にあたって，幼稚園教育要領と同様の記載がある。

　第3章健康及び安全の「環境及び衛生管理並びに安全管理」の項に，「事故防止及び安全対策」について記載されている。さらに「災害への備え」の項に，①施設・設備等の安全確保，②災害発生時の対応体制及び避難への備え，③地域の関係機関等との連携について記載されている。

2 ■ 関連する資料など

・文部科学省『「生きる力」をはぐくむ学校での安全教育——学校安全資料 改訂2版』東京書籍，2019
・平成27年度教育・保育施設等の事故防止のためのガイドライン等に関する調査研究事業検討委員会「教育・保育施設等における事故防止及び事故発生時の対応のためのガイドライン」2016　　など

2　学校安全の考え方

　園での安全に関する指導を考えるにあたり，文部科学省の『「生きる力」をはぐくむ学校での安全教育——学校安全資料 改訂2版』東京書籍，2019を参照し，小学校以降の安全教育を見通しつつ，構造的にとらえていく（図9-1）。

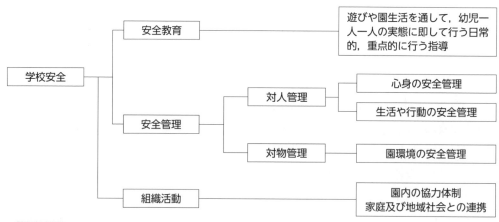

図9-1　学校安全の体系

資料：文部科学省『「生きる力」をはぐくむ学校での安全教育——学校安全資料 改訂2版』東京書籍，2019，p.12を一部改変

　学校安全のねらいは，「児童生徒等が，自他の生命尊重を基盤として，自ら安全に行動し，他の人や社会の安全に貢献できる資質・能力を育成するとともに，児童生徒等の安全を確保するための環境を整えること」である。

　学校安全は，①子どもが自ら安全に行動し，ほかの人や社会の安全に貢献できる資質や能力を目指す「安全教育」，②子どもの安全を確保するための環境を整える「安全管理」，③これらの活動を推進するための「組織活動」の3つの主要な活動から構成される。

1 ■ 安全教育：後述

2 ■ 安全管理

　安全管理では，事故の原因となる園の環境や子どもの園生活などでの行動の危険を早期に発見し，それらの危険を速やかに除去する。それとともに，万が一，事件・事故・災害が発生した場合には，適切な応急処置や安全措置ができるような体制を確立して，子どもの安全の確保を図ることを目指して行われるものである。

　安全管理は，子どもの心身の状態の管理とさまざまな生活や行動の管理からなる対人管理（表9-1），さらには，園の環境の管理である対物管理（表9-2）から構成される。

　園では，子どもが身体発育や精神的機能の発達が十分でないこと，登降園時間・通園方法，教育活動の場や内容，教職員の職種や勤務時間が多様であることなど，各園の特徴に留意して取り組むことが必要である。

表9-1 固定遊具（指導上の注意事項）

滑り台	順序よく滑るように指導している。
	最上部で子ども達がふざけあっていない。
	他児を押している子どもがいない。
	頭から滑り降りている子どもがいない。
鉄棒	鉄棒の正しい握り方の指導をしている。
	鉄棒をしている子の前後に他の子がいない。
	鉄棒に縄跳び等を縛り付けて遊んでいない。
	上手にできない子に正しく指導している。
のぼり棒	最上部で立ち上がっている子どもはいない。
	のぼり棒や本体部分をわざと揺らしている子はいない。
	下に遊具は置かないように指導している。
	のぼり棒から樹木をつかんだり乗り移ったりしていない。
ジャングルジム	上でふざけあっている子どもはいない。
	下に三輪車等の遊具を置かないように注意している。
	上から物を投げないように指導している。

資料：埼玉県上尾市子ども未来部保育課「上尾市立保育所危機対応要領 資料編（令和2年4月改訂）」（2023（令和5）年3月一部変更）2023，p.24より抜粋

表9-2 固定遊具（環境上の注意事項）

滑り台	さびや金属劣化で手すり等がグラグラしていない。
鉄棒	さびや金属劣化等で本体部分にぐらつきがない。
	基礎部分にぐらつきがない。
のぼり棒	さびや金属劣化で本体部分に傷んでいる箇所はない。
	のぼり棒が本体部分から外れやすくなっていない。
	下が固い場合，クッションになる物を設置している。
ジャングルジム	さびや金属劣化で本体部分に傷んでいる箇所はない。
うんてい・たいこ橋	さびや金属劣化で本体部分に傷んでいる箇所はない。
砂場	犬や猫のふん対策等，衛生面の具体的配慮がある。
	砂場に石・ガラス片・釘等，先の尖った物などが混ざっていないようにチェックしている。

資料：埼玉県上尾市子ども未来部保育課「上尾市立保育所危機対応要領 資料編（令和2年4月改訂）」（2023（令和5）年3月一部変更）2023，p.23

3 ■ 組織活動

　組織活動では，安全教育や安全管理の活動を，園の運営組織のなかに具体的に位置づける（園務分掌への位置づけ，指導計画の作成と実施，教職員の研修，教職員の役割分担と連携などの協力体制の構築など）ことが大切である。また，家庭と社会との連携を深めながら，地域ぐるみで安全を守り，安心して園生活が送れるように環境を整える。それとともに，子どもへ実践的な安全教育を実施することも重要である。

3　学校安全の領域

1 ■ 学校安全の領域

　学校安全の領域としては，「生活安全」「交通安全」「災害安全（防災と同義。以下同じ）」の3つがあげられる。
「生活安全」：学校・家庭など日常生活で起こる事件・事故を取り扱う。誘拐や傷害などの犯罪被害防止も含まれる。
「交通安全」：さまざまな交通場面における危険と安全，事故防止が含まれる。
「災害安全」：地震・津波災害，火山災害，風水（雪）害などの自然災害に加え，火災や原子力災害も含まれる。

2 ■ 安全教育

　安全教育は，前述した学校安全の3つの領域「生活安全」「交通安全」「災害安全」から整理される。園では以下のように整理することができる。

（1）生活安全

　日常生活で起こる事件・事故とその対処について理解し，行動できるようになることを目指す。日常生活の場面で危険な場所，危険な遊び方などがわかり，安全な生活に必要な習慣や態度を身につけることができるようにする。また，不審者との遭遇などの犯罪から身を守る対処の仕方を身につけることも大切である。

（2）交通安全

　さまざまな交通場面で危険と安全について理解し，行動できるようになることを目

指す。交通安全の習慣を身につけるために，日常生活を通して，交通上のきまりに関心をもたせるとともに，家庭と連携を図りながら適切な指導を具体的な体験を通して繰り返し行うことが大切である。

（3）災害安全

さまざまな災害発生時での危険とその対処を理解し，行動できるようになることを目指す。災害時の行動の仕方を身につけるためには，子どもの発達の実情に応じて，基本的な対処の方法を確実に伝えるとともに，家庭，地域社会，関係機関とも連携して子どもの安全を図る必要がある。また，教職員や保護者の指示に従い，落ち着いて行動できるようにすることが大切である。

4 学校安全計画の作成と実施

学校安全計画は，学校保健安全法に基づいて義務づけられている学校で必要とされる安全に関する具体的な実施計画である（表9-3）。園が策定する学校安全計画には，①施設設備の安全点検，②子どもに対する通園を含めた園生活とその他の日常生活における安全指導，③教職員の研修その他園における安全に関する事項を必要的記載事項として位置づけたものである。

学校安全計画の実施にあたっては，学年などの発達をふまえて作成されたより具体的な指導計画に基づいて実施されている。

避難訓練などは，繰り返し行うことを通して，子どもなりに考えて適切に行動することにつなげていくことが重要である。そのため，年間を通して季節や子どもの発達状況に即して，さまざまな想定（地震，火災，津波，その複合），時間帯（「預かり保育」や午睡の時間などを含む），活動形態（集合時，好きな遊びのとき，食事時など），予告の有無など，多様な条件で行われている（表9-4）。子どもが避難行動を身につけると同時に，保育者自身が正しく判断して適切な避難誘導などを行うことも，重要な意味をもっている。保育者として，担任するクラスの子どもの避難のみならず，園全体での役割を果たすことも求められる。そのためにも，次項で扱う「危機管理マニュアル」を十分に把握し，共通理解を図っておくことが重要である。

また，保護者への緊急連絡方法を確立し，緊急時に子どもを連れて帰る際に使用する「引き渡しカード」などを実際に使った引き取り訓練を行うなど，保護者と連携を図りながら，安全に関する指導が進められている。

| 表9-3 | 学校安全計画例（幼稚園） |

月		4	5	6	7・8	9
安全教育	生活安全	○園内の安全な生活の仕方 ・遊びの場や遊具（固定遊具を含む），用具の使い方・小動物のかかわり方 ・困ったときの対応の仕方 ※5歳児：新しく使える遊具や用具，場所の使い方 ○子供110番の家	○園内の安全な生活の仕方 ・生活や遊びの中で必要な道具や用具の使い方（いす，はさみ，ステープラー，スコップ，箸等） ・けがや不調なときの対応 ・小動物の世話の仕方 ・通園バスの乗り降りの仕方や待ち方の約束 ○集団で行動するときの約束 ・一人で行動しない	○雨の日の安全な生活の仕方 ・雨具の扱い方，始末の仕方 ・廊下，室内は走らない ○水遊びのきまりや約束 ・準備体操 ・プールでの約束 ○家に帰ってから ・知らない人についていかない ・「いかのおすし」の約束を知る	○水遊びのきまりや約束 ・準備体操 ・プールでの約束 ・暑い日の過ごし方 ・熱中症予防の水分補給 ・遊び場や遊び方，休息 ○夏季休業中の生活について（安全で楽しい過ごし方） ・花火の遊び方 ・外出時の約束 ・一人で遊ばない	○生活のリズムを整え，楽しく安全な生活 ・登降園時の約束，遊具・用具，固定遊具の安全な使い方 ○水遊びのきまりや約束 ・準備体操 ・プールでの約束 ○戸外で体を十分動かして遊ぶ ○集団で行動するときの約束 ・集合の合図・友達との歩行
	交通安全	○安全な登降園の仕方 ・初歩的な交通安全の約束（親子で手をつなぐ） ・自転車登降園での約束 ○園外保育での安全な歩き方 ・並ぶ，間隔を空けない等	○道路の安全な歩き方 ・標識，標示（とまれ等）の意味 ・安全確認（両足をそろえる，左右を見る）の仕方 ○親子路上安全教室	○雨の日の安全な歩行の仕方 ・傘の持ち方 ○園外保育での安全な歩き方 ○乗り物に関する約束 ・車中での過ごし方	○交通安全に関する約束を再確認 ・飛び出し ・道路では遊ばない ・自転車に乗るときの約束（保護者の付き添い） ・自動車の前後の横断	○遠足・園外保育での交通安全 ・道の端を歩く ・ふざけながら歩かない
	災害安全	○避難（防災）訓練の意味や必要性 ・教職員など大人の指示に従う ○避難の仕方 ・避難訓練の合図（サイレン，放送・緊急地震速報等）	〈火災：サイレン，放送で伝達〉 ※3・4歳児：集合場面 ・火災時は靴を履きかえない ※5歳児：自由に活動している場面 ・教職員の指示を聞いての避	〈地震：サイレン，放送，緊急地震速報で伝達〉 ○地震のときの避難の仕方 ・頭を守る ・机の下に潜り，脚を持つ ・避難時は靴を履く（火災と同様に上履き	〈火災：火災報知機・放送にて伝達〉 ○放送・教職員の指示を聞き，避難 ・非常用滑り台で避難 ・ハンカチを鼻，口に当てる，煙が発生した場合は低	〈地震・警戒宣言発令〉 ○大地震が起きたときの避難の仕方（幼・小・中合同訓練） ・保育室にて保護者への引渡し訓練（保護者は徒歩） ・家庭で地震が

月	4	5	6	7・8	9
	・「おかしも」の約束 ・防災頭巾等のかぶり方	難	での避難) ・「おかしも」の徹底	くして避難 ・持っているものは置いて避難	起こった場合の対処の仕方
行事	入園式	園外保育・遠足	園外保育・遠足 プール開き	終業式 夏祭り 夏季休業日	始業式，プール納め 園外保育・遠足
安全管理	○安全点検表の作成 ○園内外の環境の点検，整備，清掃 ○保育室の遊具，用具の点検，整備，清掃	○園外保育・遠足等の目的地の実地踏査 ○消防署の指導により教職員の通報訓練，初期消火訓練	○幼児の動線を考え，室内での安全な遊びの場づくりの工夫 ○プールの清掃，水遊びの遊具，用具の安全点検	○熱中症予防のための冷房や換気の活用 ○夏季休業中は園舎内外の施設，設備の見回り ○新学期が始まる前に，保育室内外の清掃，遊具，用具の安全点検	○使い慣れた遊具，場所の安全指導の徹底 ○危険な行動に対する，教職員同士の共通理解，指導の徹底
学校安全に関する組織活動（研修を含む）	○保護者会，園だよりで周知 ・園生活を安全に過ごすためのきまり，約束を連絡（登降園の仕方，園児引渡しの仕方，一斉メールによる連絡の仕方，出欠の連絡，けがや病気に関する連絡方法，災害時の対応） ・通園状況の把握 ○春の交通安全運動 ○遊具の安全点検の仕方に関する研修	○保護者会，園だよりで周知 ・定期健康診断の結果連絡，健康で安全な生活についての意識の高揚 ・一斉メールを使った練習 ・路上での実際指導 ・光化学スモッグ警報発令時の対応の仕方を連絡 ○心肺蘇生法（AEDを含む）の研修	○保護者会，園だよりで周知 ・水遊びのための健康管理 ・夏の生活で必要な安全（雨天時の歩行，登降園時に親子で注意，熱中症への配慮） ・登降園時の落雷や集中豪雨等の自然災害への対応 ○幼児の交通事故の現状（警察署から講義）	○保護者会，園だよりで周知 ・警察署より交通安全及び防犯（誘拐）について講話 ・夏季休業中の過ごし方（健康生活，落雷，台風などの気象災害への配慮事項の確認） ・地域が行っている防犯パトロールについての情報交換 ○不審者との具体的な対応の仕方やいろいろな道具の使い方（警察署から実際指導）	○保護者会，園だよりで周知 ・通園路を見直し，安全な通路，危険な場所の確認 ・生活リズムの調整，体調への十分な配慮を依頼 ・避難に関する情報発令時の避難行動，引取り訓練 ・台風等の暴風雨時の対応について ○秋の交通安全運動

資料：文部科学省『「生きる力」をはぐくむ学校での安全教育──学校安全資料 改訂2版』東京書籍，2019，p.126より抜粋

表9-4 避難訓練の例　4月（幼稚園）

〈想定〉地震（集合時）予告あり
〈ねらい〉○3歳児　避難訓練があることを知る。
　　　　　○4・5歳児　地震発生時の身の守り方を確認し，避難する。
〈子どもが経験する内容〉
　○放送や保育者の指示を静かに聞く。
　○3歳児　4・5歳児の避難訓練の様子を見る。
　○4・5歳児
　・ものが「落ちてこない」「倒れてこない」「移動してこない」場に移動し，頭を守る姿勢（ダンゴムシのポーズ）をとる。
　・防災頭巾をかぶり，「おかしも」の約束を守って行動する。
〈保育者が意識するポイント〉
　・落下や転倒，移動の可能性のあるものを子どもが気づけるようにする。
　・ダンゴムシのポーズをとる理由や「おかしも」の約束の大切さを，子どもが考える機会をつくる。
　・保育者の指示をしっかりと聞いて行動することや，防災頭巾をかぶって行動すること，避難時の約束を守って行動することが命を守ることにつながるのを伝える。

5 災害への備え・危機管理

　近年，自然災害が大型化しているとも言われ，毎年さまざまな地域に大きな影響を及ぼしている。自然災害について，園の立地条件や規模，地域の実情に応じて想定される危険を明確にし，備えるための危機管理が重要である。

　園の危機管理は，①安全な環境を整備し，事故，加害行為，災害等（以下，「事故等」という）の発生を未然に防ぐとともに，事故等の発生に対して備えるための「事前の危機管理」，②事故等の発生時に適切で迅速に対処し，被害を最小限に抑えるための「発生時の危機管理」，③危機が一旦収まったあと，心のケアや教育・保育活動の再開など通常の生活の再開を図るとともに，再発防止のための「事後の危機管理」の3段階がある。

　園では，各段階でとるべき対応をあらかじめ整理し，保育者・職員が迅速で的確な判断で対応することができるよう，危機管理マニュアルを策定する。危機管理マニュアルは，学校安全計画をふまえて，危機管理を具体的に実行するための必要事項や保育者・職員の役割，手順などを示したものである。そのため，全保育者と職員が共通に理解することが必要である（表9-5）。

表9-5 防災対応組織　災害（地震・津波）対策本部（例）

名称	担当	氏名	主な対応
総括本部	所長・園長・教頭など		・被害状況などを把握し，避難の実施方法を決定 ・避難経路の安全性を確認後，避難の指示 ・二次災害などの情報収集 ・非常持ち出し品の搬出 ・県市町村などの関係機関への連絡 ・マスコミ対応
避難誘導・安否確認班	クラス担任など		・子どもの安全を確保 ・子どもへの的確な指示（押さない，かけない，しゃべらない，戻らない〈おかしも〉） ・担当クラスの人員を確認し，負傷の有無・程度，行方不明者を本部に報告 ・非常持ち出し品（出席簿，緊急時連絡票など）の携帯 ・避難場所の確保 ・保護者への連絡
救出・救護班	担任外保育者など		・保育室，トイレ，ホール，園庭などに取り残された子どもの確認 ・負傷者の救出 ・負傷者の応急手当 ・医療機関への連絡 ・行方不明者の捜索 ・救急用品の常備
消火班	調理員など		・出火防止措置ガスの元栓を閉める，電気のブレーカーを切るなど ・初期消火活動

※総括者不在時の順次代理者を決めておく。
※子どもや保育者・職員の人数など，各園の実態に応じた体制・対応とする。
資料：高知県教育委員会「高知県学校防災マニュアル作成の手引き 震災編（平成26年3月改訂）」2014，p.5をもとに筆者作成

Work　潜在する危険を見つけ，対応策を考えよう

園庭のイラストを見て想定される危険，ヒヤリ・ハット（事故には至らなかったもののヒヤリとしたり，ハッとしたりした事例）を見出し，保育者の危機意識の重要性と対応すべきことを考えていこう。

ワークシート

Q1 下のイラストのなかで危険だと考える場所や状況をあげてみよう。

Q2 子どもが遊んでいる場面で，起こり得る危険や実習などで体験したヒヤリ・ハットをあげてみよう。その際，さまざまな服装，状況を想定して考えよう。

Q3 Q1, Q2であげたことを学生同士で協議し，対応策を考えよう。

⑤ 災害への備え・危機管理

解説 🔍

解説1 ■ あらゆる状況を想定する

安全点検を行い十分に配慮していても，事故等は起こり得る。想定を超えて考えておくことが，事故の未然防止につながる。次の観点から考えることが有用である。
① 空間的：園庭の広さ，高低，死角になる場所，子どもの動線など
② 物的：遊具の動き方，大きさや高さや重さ，形状など
③ 子どもが環境に関わることで起きる状況：
・遊びの内容　・参加している子どもの人数や動き　・年齢　・遊具などを扱った経験　・多様な動きの経験　・服装やもっているもの　・そのときの心情　・子ども一人一人の特性　　など
④ 子どもの行動の特徴：
・友だちやそばにいる人につられて行動することが多い　・ものかげや隙間で遊ぶことを好む　・自己中心性が強く，他者や周囲の状況を理解しにくい　・視点が低く視界が限られるうえ，視野は大人の約6割程度である　・頭部が大きい，重心が高いため転倒，落下しやすい　・手指の巧緻性や運動神経が十分に発達していないため転倒，落下しやすい　　など

解説2 ■ 子どもの主体性を大切にして安全に生活する力を育む

保育者は，危険だと予想したことをすべて除去したり，禁止したりすればよいだろうか。たとえば，5歳児がボール遊びをしているところで，3歳児が三輪車を乗り始めたとする。5歳児は保育者に訴えて3歳児をほかの場所に移してもらうのか，自分たちで考えて3歳児にわかるように話をしたり，自分たちの遊びを適した場所に移動させたりするのか，子どもの体験としてはどちらが望ましいだろうか。

保育者は，子どもの発達や経験に即して危険なことやその回避方法を伝えつつ，子ども自身で危ないと感じとり，対応する方法を考えていけるようにすることも大切である。つまり，保育者には，ルール化して安全を確保することと子ども自身が気づいていくことや，自分で選んで遊ぶこととのバランスを適切にとることが求められる。こうした主体的な生活のなかで，子どもが感じた「危ない場所」「危ない行動」「安全な行動」などを取り上げて安全マップを作成したり，子どもと一緒に園内の安全を点検したりするなどのことも，安全に生活する力を育んでいくうえで重要である。

演習問題 身近な危険を見つけ，危険防止チェック項目を調べてみよう

問1 園舎内（保育室，テラス，廊下，階段，便所，遊戯室，屋上など）に
おける危険な箇所や状況について考えてみよう。

問2 危険防止のための具体的なチェック項目などを調べてみよう。

第 3 部

保育者の専門性を
向上させる

第10章 教材研究する力をつける

本章で学ぶこと

教材研究とは，素材としての性質や特徴を把握することであり，保育の遊びや活動のなかでどのように教材を取り入れ，活用するのか考え，準備することが大切である。子どもが素材と向き合ったとき，その素材に興味や関心をもち，自分なりに考えたり思いめぐらせたり，さらに創造的な遊びや活動に発展することができるよう，保育者は前もって教材について十分に検討する必要がある。

これまでさまざまな授業で教材を学んできたが，ここでは部分実習や責任実習の経験から教材研究のあり方を振り返り，改善する方策について考えていきたい。また，教材研究の事例をもとに検討し，そのときの子どもにふさわしい遊びや活動が実践できるよう教材研究について理解を深める。

1 教材研究とは

　子どもを取り巻くすべてのものが教材となり得るが，そのためには保育や幼児教育における教材を理解する必要がある。子どもの発達や興味や関心をふまえ，乳幼児期にふさわしい遊びや活動のねらいや内容に沿った保育を実践するための教材について考えることが大切である。

　教材研究は，製作遊びに限らず，読み聞かせや劇遊び，身体表現など，実践しようとする遊びや活動のすべてを対象に行われることを改めて確認しておきたい。

　教材研究には，素材研究，教材研究，指導法研究の3つの段階があげられる[1]。

1 ■ 素材研究

　素材とは，教材以前の材料そのものをさす。たとえば，葉や木の実，画用紙など，「それだけである」場合は素材である。素材を活動のなかに取り入れようとするとき，

1）岡崎裕・深澤英雄「若手教員における『教材研究』のあり方──『教材との対話』から深い学びへ」『学校教育実践研究──和歌山大学教職大学院紀要』第3号，2018，pp.9-14

あるいは取り入れられたとき，教材となる。遊びや活動のねらいに沿った保育を実践するためには，保育者が素材と対峙し，特徴を把握し，素材の本質を理解することが必要である。絵本の読み聞かせであれば，絵本が素材となる。素材研究の方法として，その絵本の登場人物，ストーリー，主題，絵の特徴，絵本としての魅力などをあげてみることが考えられる。こうして素材である絵本そのものを理解しておくことによって，絵本が保育の場で教材となり，子どもがどのような力を身につけることができるのかみえてくる。

2 ■ 教材研究

教材研究とは，保育者が遊びや活動を展開するための材料としての研究を行うことである。子どもの発達にふさわしい教材であるのかどうか検討するための研究でもある。それまでの子どもの遊びや経験をふまえ，その時期に応じた体験や感じたり考えたりしてほしいことを，幼稚園教育要領や保育所保育指針，幼保連携型認定こども園教育・保育要領と照らし合わせながら，教材研究に取り組む。製作遊びであれば，素材となる画用紙や画材の特徴を把握したうえで，教材として子どもの発達や体験，そしてその遊びや活動を実践するために適切であるのか検討する。こうして教材研究を行うことは，子どもの姿を予想し，指導法を考えることにつながる。

3 ■ 指導法研究

指導法を研究するには，これから行おうとする遊びや活動のねらいが実現することで，子どもがどのようなことを体験したり思いめぐらせたりすることにつながるのか，具体的に考えておく必要がある。素材研究，教材研究をふまえ，遊びや活動を実践した際の子どもの発言や動き，遊びや活動の困難な場面について，クラス全体はもちろん，一人一人の姿を思い浮かべながら，適切な子どもの指導を考えることが大切である。指導法によって，子どもの体験が大きく変容するので，十分検討する必要がある。

教材研究を振り返る

ここでは幼稚園，保育所，認定こども園等（以下，「園」という）で行った，部分実習や責任実習の教材研究を振り返る。実習では配属されたクラス（学級）の子ども

の姿から，部分実習や責任実習でどのようなねらいや内容を考え，教材研究を行い，実践につなげたのだろうか。また，実習後，教材研究が適切なものであったのか振り返る必要がある。子どもの実際の姿をふまえた素材が選択されていただろうか。実習日誌や指導案を読み返しながら，自分が行った部分実習や責任実習をもとに次のワークシートを作成してみよう。

1 ■ ワークシートの作成

　実習の指導案を立案する際には，子どもの姿に基づいた「ねらい」，遊びや活動の「内容」を考える必要がある。教材研究においても，実習を行う「季節」や「行事」，「年齢」や「人数」は教材の準備には欠かせない条件であり，情報である。クラスが年齢別ではなく，異年齢の場合はそれも記述する。

（1）準備したもの

　部分実習や責任実習の際に，事前に準備したもの，遊びや活動がさらに展開するために準備したものの例としては，以下のものがある。
・製作遊び：材料，道具など
　　　　　　子どもの発達や経験に応じて途中の過程までつくったもの（どこまで実習生がつくり，どこから子どもたちがつくったり遊んだりするのかわかるようにしておく）
　　　　　　子どもたちがつくってみたいと思うであろう見本
・運動遊び，ゲーム：材料，道具，遊具，音源など
・音楽遊び：材料，道具，楽器，音源など
　このほか，遊びや活動の導入の際に用意した，絵本や紙芝居，図鑑や自作のペープサートなどがあれば記入する。

（2）素材，教材を準備するにあたって考えたこと

　遊びや活動を想定し，素材，教材に対して工夫したことや試行錯誤したことをワークシートに記述する。
・製作遊び：素材や大きさを変える。つくる工程を短縮する方法，活動を発展させるために工夫したこと。
・運動遊び，ゲーム：動きや遊び，ゲームのルールを伝える方法。
・音楽遊び：歌を伝えるために工夫したこと。
　　　　　　音楽やリズムを伝えたり，遊びを展開したりするために工夫したこと。

実習名
実施　　　　　　月　　　　　　歳児　　　　　　人
子どもの姿
ねらい
内容
準備したもの
素材，教材を準備するにあたって考えたこと
教材研究をするうえでどのようなことに配慮したか
実習を振り返って教材研究が活かされたこと，困ったこと

図10-1 教材研究　ワークシート

（3）教材研究をするうえでどのようなことに配慮したか

　子どもの発達や興味や関心，季節や行事，年齢，人数，これまでの経験，安全面，素材の特性，材料や道具の数や量，材料や道具の示し方や示すタイミングなど，遊びや活動の内容によって配慮することがあげられる。

2 ■ ワークシートをもとに振り返る

　ワークシート（図10-1）に記入し実習を振り返ることで，教材研究が十分であったのかどうか検討してみよう。個人で検討したあと，グループで報告し合い，教材研究の振り返りで得た情報を共有することで，よりよい教材研究につなげることができる。

> 【振り返りの際のチェック項目】
> □教材研究を行うことによって，子どもにとって魅力的な遊びや活動となったか。
> □教材研究によって「ねらい」に沿った遊びや活動となったか。
> □「準備したもの」以外に準備したほうがよかった材料や道具などはあったか。
> □「準備するもの」の数や量，色数は十分であったか。
> □製作遊びなどの場合，見本の提示は必要だったか。見本によって，子どもの表現が制限され，模倣することはなかったか。
> □見本の提示の際の工夫（素材や大きさ，色や形を変えて数種類用意するなど）について，十分であったか。
> □教材の提示や指導の工夫について，十分であったか。
> □遊びや活動が広がるような材料や道具の準備が行えたか。
> □安全面に配慮した教材研究を行ったか。
> □「教材研究をするうえで配慮したこと」が実際の活動では，どのように反映されていたか。さらに配慮が必要な事柄はあったか。
> □「教材研究が活かされたこと」は，どのようなことか。
> □「教材研究を行った」ときの想定以外に，困ったことはどのようなことがあったか。思いがけない子どもの発言や動き，欲求はなかったか。そのときどのように応じたか。

　振り返りによって，教材研究が活かされた実習となっていれば，十分な準備，教材研究が行われていたことになる。その場合には，さらに活動が発展するよう，子どもがより工夫したり，創造性が発揮されたりするような教材研究に取り組みたい。困ったことや戸惑うことがあった場合は，どのような教材研究をすることが望ましいと考えられるのか具体的にあげ，再度教材研究を行ってみよう。

3 教材研究に取り組む

保育の遊びや活動を展開するにあたって，子どもの姿や活動の環境を思い浮かべながら教材研究を行うことが大切である。ここでは，製作遊びの教材研究の事例をあげて，教材研究の必要性を考えていきたい。

1 ■ つくって遊ぶ　紙コップクラッカー

(1) 対象，ねらい，準備するものなど

- 年齢：3歳以上
- ねらい：「飛ぶ」ことのおもしろさに気づく。
  　　　　自分でつくったもので遊ぶことで達成感を感じる。
- 材料：紙コップ2個，両面テープ，風船1つ，ビニールテープ，飛ばしたいもの（ポンポンなど）
- 道具：ボールペン（紙コップに穴をあけるときに使う），カッター（必要に応じて），はさみ，下敷きや粘土板（ビニールテープを貼っておく）

(2) 教材研究：つくり方

A：紙コップの底に穴をあける。
　　中央にボールペンで穴をあけ，指で穴を大きく広げる。
　　2個とも同じように，紙コップの底に穴をあける。

★**教材研究のポイント**
・実習生が事前にカッターできれいに底をあけておくのか，子ども自身で穴をあけるのか。
・紙コップの底に切れ端がついたままでも，クラッカーとしての遊びに支障がないのか，それとも紙片が遊びの妨げになるのか。

B：1つの紙コップの側面に，5cmに切った両面テープを貼り，もう1つの紙コップを重ねて固定する。

★**教材研究のポイント**
・両面テープの長さや貼る位置，貼る枚数によって，固定のされ方がどのように違うのか。
・紙コップは1個，2個，3個…と個数によって強度は強くなる。つくる・遊ぶことを考えると適切な個数はいくつだろうか。

C：風船の上部を4分の1切る。
切った風船の切り口を，Bの紙コップの穴をあけた底面にかぶせる。
風船と紙コップをビニールテープで巻く。
風船の口を結ぶ。

★**教材研究のポイント**
・子どもへの援助を考え，工夫する。
・風船を紙コップにかぶせること。
 ⇒例：その場面になったら子どもが手をあげる。
・ビニールテープを適当な長さに切ること。
 ⇒例：下敷きや粘土板に，紙コップ1周分の長さに切ったビニールテープを用意する。
・風船の口を結ぶ。
 ⇒結んだほうがつまみやすく，引っ張りやすい。よく飛ぶ。

↑ビニールテープを切って，下敷きや粘土板に貼っておく。

D：紙コップの中に飛ばしたいもの（ポンポンなど）を入れて，風船の結んだ口を引っ張る。

★**教材研究のポイント**
・飛ばす遊び。
 ⇒飛ばすときのルールを伝える・みんなで決める（年齢や経験に応じて）。人に向かって飛ばさない，遊ぶ場所をつくる，飛ばすものを用意する。
・何を飛ばすか。
 ⇒ここでは小さいポンポンを用意した。そのほか，どのようなものが飛ばすのにふさわしいのか，素材の大きさ，形，数や量，質などについても試す。
・どうすると高く遠くに飛ぶのか。
 ⇒飛ばすもの，飛ばし方について確認する。

はさみやカッターの使用は，子どもによってはむずかしく危険がともなうこともある。どこまでを保育者が事前に準備するのか，遊びや活動のねらいに応じて検討する必要がある。また，教材研究では複数の素材の種類や方法を試すことで，安全性の確認やおおよその時間を把握しておきたい。さらに，子どものつまずきそうな場面やそのときにどのような支えが必要なのか，一人一人を思い浮かべながら考える。こうした教材研究によって，素材の特徴を確認し，教材としての可能性を見出すとともに，思いがけない遊びや活動の発見につながることが考えられる。教材研究を通して，そのときの子どもにふさわしい遊びや活動の提案と支えが実践できるよう，取り組むことが大切である。

演習問題　教材研究をしてみよう

問1 「紙コップクラッカー」は同じ材料，同じつくり方が基本となるので，「自分なりの表現」になりにくい場合がある。「自分なりの表現」を大切にしたいとき，どのような材料の準備や指導が考えられるだろうか。

問2 「つくって遊ぶ」の遊びを中心にするならば，どのような遊びの展開が考えられるか，そのための材料や道具について考えてみよう。

第11章 ICTを活用する力をつける

> **本章で学ぶこと**
>
> 幼稚園，保育所，認定こども園等（以下，「園」という）の保育施設の生活において，視聴覚教材やコンピュータ等の情報機器「ICT」の活用は，子どもたちの直接的な体験を活かすために工夫をしながら，得難い体験を補完するものとなりつつある。
> 一方，保育現場では保育者不足が続いている。その原因として保育者の業務過多があり，ICTの導入は保育者の業務負担の軽減等に効果があると期待されている。これは，保育者の本来の職務である"保育"に力を注ぎやすい環境をつくり，ひいては保育の質の確保・向上を目指すうえでも重要と考えられる。
> 本章ではICTの活用について，子どもたちからの視点，保育者や保育施設からの視点からまとめる。

1　ICTの必要性

　ICT（Information and Communication Technology）とは，日本語で「情報通信技術」を意味する言葉であり，通信技術を活用して人と人をつなぐ技術をさし，情報技術そのものをさすIT（Information Technology）よりも通信によるコミュニケーションの重要性を強調している。

　Society 5.0[1])の到来等によって大きく社会が変わるなか，AI等の先端技術が，保育や幼児教育での学びのあり方に変革をもたらしている。特に，日常生活のさまざまな場面でICTを用いることが当たり前となっている子どもたちは，情報や情報手段を主体的に選択し活用していくための基礎的な資質としての「情報活用能力」を身につけ，情報社会に対応していく力を備えることがますます重要となっている。

　2019（令和元）年末に発生した新型コロナウイルス感染症は社会に大きな影響を及ぼし，園の保育・幼児教育の現場も例外ではなく，それまで当たり前に行われてい

---

1) わが国が目指すべき未来社会の姿であり，「サイバー空間とフィジカル空間を高度に融合させたシステムにより，経済発展と社会的課題の解決を両立する人間中心の社会」として提唱された。

たことができなくなる等，保育者の仕事や子どもたちの保育施設での生活は一変し，また，感染症予防と保育の両立を目指すなかでICTに注目が集まった。ICTそのものは新型コロナウイルス感染症発生以前からも活用はされていたが，限定的・局在的であった。しかし制限・制約があるなかでも，保育の質を今までと同じように，あるいはさらに高めようとする保育者の思いは，保育現場でのICT活用の必要性を急激に高める結果となった。

ICT活用で大切なこと

　保育現場でICTを活用しようとしたとき，「子どもたちの興味や関心が広がった」「書類作成での負担が減った」といったポジティブな感想や意見がある一方，「乳幼児期には電磁波の影響を考えスマートフォン等のICT機器からは遠ざけたほうがいい」「子どもがICT機器を使うことは好ましくない」「保育者がパソコンに慣れていない，使い方がわからない」といったネガティブな意見もある。どちらが正しい，ではなく，ICT活用においては「有効に使う」ということを意識したい。メリット・デメリットを十分に把握したうえで取り入れていくことが大切である。

　また，「正しく使う」ことも意識する必要がある。正しく使えば非常に便利な道具になり，さまざまな活動が広がる可能性をもっている。しかし，使い方を誤ると害にもなる。たとえば，スマートフォンを渡し，ゲームをさせる，動画を見せておけば静かになると長時間使用させることは，保護者にとっては便利な活用法かもしれないが，子どもにとっては健康を害するなど，間違った使い方となるだろう。

　保育現場でICTを活用していくためには，ICTやICT機器があくまでも手段であり，道具であるということを念頭におくことが大切である。同時に，有効かつ正しく使うためにはルールづくりや情報リテラシーも必要である。守秘義務，情報漏洩やデータ紛失の防止，著作権などの問題はもちろん，保護者間のSNSに関するトラブルに関しても目を向けることが求められる。インターネットにあふれる情報をどう読みとり，取捨選択していくかも重要になる。

ICTを幼児とともに活用する

　今後の幼児教育の教育課程，指導，評価等の在り方に関する有識者検討会は，2024（令和6）年10月に最終報告[2]を出し，現代的諸課題に応じて検討すべき事項の一つとして，幼児教育施設におけるICTの活用について，次の5点を述べている。

①平成29年告示の幼稚園教育要領等において，視聴覚教材やコンピュータ等の情報機器（以下，「ICT」という）の活用について，幼稚園等の生活では得難い体験を補完するなど，幼児の直接的な体験を生かすための工夫をしながら活用することなどが示され，ICTを活用して様々な取組が行われてきているところである。

②とりわけコロナ禍において，ICTは，幼児が登園できない状況下においても，幼稚園教諭・保育士・保育教諭等と幼児，登園できない幼児と登園している幼児をつなぐなど，幼児の学びの機会を確保する上でも重要な役割を果たし，その活用方法に広がりが見られるようになった。

③情報化は年々進行しており，多くの国民がコンピュータやインターネットを利用しており，家庭においてもスマートフォンやタブレット端末等によりインターネットを利用している5歳児が約8割となっている。

④国においては，幼児教育の「環境を通して行う教育」の環境にはデジタル環境が含まれることを明確にし，ICTの効果的な活用方法等についてより実践的な調査研究を進めるとともに，研修プログラムの開発や研修資料等の提供と，デジタル環境の整備や支援を行うことが必要である。

⑤ICTを通じて得られた体験の多くは疑似体験であり，幼児期は直接的・具体的な体験が何より重要であることを踏まえることが必要である。ICTは有効に活用することで，幼児の直接的・具体的な体験の充実を図る道具の一つになり得るため，ICTの活用に当たっては，低年齢児への弊害やリスクをはじめ，幼児の発達に即しているか，幼児の更なる意欲的な活動の展開につながるか，直接的・具体的な体験に立ち返り深めていく実践の展開があるかなどについて考慮することが重要である。また，ICTの操作の習得を目的とした活動や幼稚園教諭・保育士・保育教諭等の一方的な指導の

2）文部科学省「今後の幼児教育の教育課程，指導，評価等の在り方に関する有識者検討会 最終報告」2024

> 道具となることなどがないよう，活用上の留意点についても併せて検討することが必要である。

　保育現場では，子どもの育ちを豊かにするためにICTが利用されており，子どもの経験を，より主体的・対話的にするための使い方がされている[3]。たとえば，被写体としての子どもから撮影者，表現者としての子どもへの転換，個人の道具から仲間と協働する道具への変換が図られている。また，見えないものを可視化し，聞こえない声を聴きとることができ，子どもたちの驚きと気づきを大切にすることができる道具，手早く効率的になる道具ではなく，じっくりゆっくり立ち止まる機会を与える道具としてとらえることもできる。さらに，新たな遊びや保育を生み出す創造の道具である可能性も秘めている。

4　ICTを活用した仕事の効率化

　保育分野におけるICTツール導入の目的として，①保育者の働きやすさ，保護者との良好な関係構築のため，②保育の質の向上のため，という2点があげられている[4]。活用のためにはICT環境の整備が必要であり，ハードウェア，ソフトウェア，ネットワーク環境の整備から始めることになる。また，記録媒体としてクラウドを利用することもあるだろう。そこで，自分が働くことになる保育現場ではどのようなICTツールが使われているかを把握し，活用していく必要がある。

　実際に保育現場では，指導計画や日々の記録，申し送り，シフト管理，子どもたちの登園・降園時間の管理などでICTを活用している。また，園内研修やオンラインの公開保育などを通して，保育の質の向上を図っている。午睡や排泄の状況管理，安全点検や事故検証などでICTを活用し，事故防止につなげている実践例もある。

---

3 ）秋田喜代美・宮田まり子・野澤祥子編著『ICTを使って保育を豊かに——ワクワクがつながる＆広がる28の実践』中央法規出版，2022，pp.10-13
4 ）厚生労働省『時間とゆとりをつくり出す　保育所等におけるはじめてのICT活用ハンドブック』三菱UFJリサーチ＆コンサルティング，2023

5 保護者や地域社会との連携・情報発信としてのICTの活用

　子どもの育ちを支えるためには保護者との連携は欠かせない。保護者との連携としてあげられることは，送迎時の会話や連絡帳だろう。連絡帳もまだまだ手書きが多いが，連絡帳アプリを利用している保育施設も増えてきている。

　また，日々の保育活動や子どもたちの様子を保護者に伝えることは，子どもの育ちや学びを共有するために大切なことである。印刷物のおたよりの配布，ドキュメンテーションやポートフォリオの掲示・展示も行っているが，同時にホームページやSNS等を活用して情報発信を行っている保育施設がほとんどである。

　どのようなツールを使って情報発信しているのか，その操作も含め，理解していく必要があるだろう。また，個人情報の保護の観点からセキュリティや情報リテラシーに関しても学んでいくことが求められる。

6 ワーク実践例

　ここでは，筆者が実際に行っているワークを2つ紹介する。

1 ■ 遊び・活動のドキュメンテーション作成——積木遊び

　大型箱積木74個セット，ゲームボックスセット，カラーソフトウレタン積木セット3種類を使って，履修者全員が自由に40分程度遊び，それぞれに対して，①ふれてみて，遊んでみて感じたこと，②どんなことができると考えたか，③使うときの配慮点を考えるワークに取り組み，ドキュメンテーションも作成している。実際に作成したドキュメンテーションを2つ紹介する。

　ドキュメンテーション作成においては，自分を子どもに見立て，実際に遊んだ内容だけでなく，子どもたちが何を楽しんでいるのか，何を学んでいるのかを可視化できることに重点をおいているため，「協力」「想像力」「関わり」「達成感」などの，子どもの学びがみえるキーワードがあげられている。

図11-1　ドキュメンテーション1　　　図11-2　ドキュメンテーション2

2 ■ 遊び・活動の動画作成——運動会競技紹介動画

　このワークは，5人程度のグループワークで，幼稚園の運動会の企画，競技・演技に使う道具の作成，保護者向けの競技・演技動画とプログラムを作成し，すべてのグループの動画を共有し，5回分の授業を使って評価まで行っている。初回に先輩が作成した動画を紹介する時間を設けている。学生に提示している課題内容は以下の通りである。

① 幼稚園の運動会を考える（3歳児，4歳児，5歳児の競技・演技，午前中で終了）
② 運動会のコンセプトを明確にする（子どもたちの興味・関心に沿った内容）
③ グループで1つの進行表を作成する
④ 1人1つの競技・演技を担当し，競技・演技図を作成する
⑤ 競技・演技で用いる道具を作成し，紹介する動画を作成する
　・1グループ5分程度，人数分の競技・演技をすべて盛り込むのが望ましい
　・それぞれの競技・演技の動画の長さをそろえる必要はなく，競技・演技名のみ紹介し，ポイントをしぼる等，グループで工夫して構わない
⑥ 保護者に配布するプログラムを作成する
　・A4サイズ1枚，2つ折り，両面カラー印刷
　・プログラムに最低限入れてほしい内容は「表紙」「進行表」「自分の担当する種目についての子どもたちの取り組みの様子，当日の見所など」
　・評価の観点は「保護者や地域に子どもたちの具体的な姿や成長の様子を伝えるための発信の工夫」とする
⑦ 動画の発表会での評価の観点は以下の5項目とする（各10点，合計50点）。
　㋐競技・演技内容　㋑発信力　㋒構成力　㋓表現力　㋔チームワーク
　・よかった点・改善点・感想等も記入する

　学生が提出した動画は，ほとんどがスマートフォンで撮影され，タブレットを使用したグループもあった。編集はスマートフォンやタブレットに入っていたアプリやダ

ウンロードした無料のアプリを使用していた。動画は，YouTubeにアップし，それを発表会で視聴した。すべてのグループでBGMを使用していたので，YouTubeにアップロードする際，著作権のチェックが入ることを伝えた。音楽だけでなく，絵本をコンセプトにしたグループもあり，絵本の配信に関しても著作権のことを考える必要性を伝えることにしている。

以下に，あるグループが提出した課題を示す。

この活動を通して，学生は，「ただ説明するだけになってしまったので，日頃の保育の様子も交えながら説明できたら，なおよかったと思う。オリジナリティを大事にした競技をつくれたと思う。安全性や発達段階についてもっと時間をかけてよく考えてから競技をつくれたらよかった」「競技の内容はもう少し凝ることができたものが多かったように思う。テロップの出し方や消え方はもう少し気を配ることで，雑な印象を与えずに視聴してもらうことができたように思う」などの感想を寄せている。

実際に動画をつくり，ほかのグループの動画を視聴した経験が，動画撮影時の配慮点といったICTの活用を学んだだけでなく，行事への取り組み方について考えるきっかけにもなるだろう。

図11-3　動画の表紙

図11-4　撮影時の様子

図11-5　プログラム（表面）

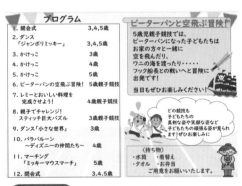

図11-6　プログラム（中面）

Work	ドキュメンテーションや動画を作成してみよう

グループ4，5人で好きな遊びを一つ選んで，5歳児になったつもりで遊んでみよう（たとえば，積み木遊び，鬼ごっこ，お店屋さんごっこ等）。その様子を写真で撮ったり動画を撮ったりしよう。

ワークシート ✐

Q1 どんな遊びを選んだか，書いてみよう。

Q2 実際に遊んでみてどんな気持ちになったか，書いてみよう。

Q3 遊びを通して，5歳児は何を学んでいると思うか，また，あなたが保育者であれば，何を学んでほしいと思うか，考えてみよう。

Q4 撮影した写真を使って，保護者に発信するドキュメンテーションを作成してみよう。

Q5 撮影した画像を編集して，SNSなどに動画をアップロードしてみよう。

解説 🔍

解説1 ■ 子どもの気持ちになりきって遊んだり，その気持ちを想像したりすると同時に，子どもの学びを確認できたか

　子どもが何をしているか，客観的に記録することは大切だが，同時に，子どもに寄り添うこと，子どもの気持ちを汲みとること，それに対する援助を考え実践することも保育者の専門性の一つである。実際の保育では，一人一人の発達の過程や発達の課題をふまえることも重要で，そのためには，子どもが実際に何を学んでいるのか，また保育者として何を学んでほしいと思っているのかを意識化することも求められる。

解説2 ■ ドキュメンテーションや動画を通して，保護者と子どもの育ちや学びを共有できるか

　子どもの育ちや学びを保護者と共有することは，子どものさらなる成長にもつながるとともに，保護者の育児の楽しみや喜びが増すことにもつながる。保護者の育児不安の軽減にどう寄与できるかを考えることも保育者の専門性の一つである。言葉や文章だけでは伝わりにくい内容も，写真や動画，イラストなどを使うことによってイメージしやすくなることがある。同時に，画像に合った言葉の選択も重要である。保護者と子どもの育ちを共有できるすてきな言葉を選択できるよう経験を積んでほしい。

解説3 ■ ICT技術について自分がどこまで習得できているのか，確認する

　これからの保育者には，ICT技術はなくてはならないものとなってくる。子どもとともにどのように使うのが学びに効果的かを考え，子どもと同じような使い方を理解する必要がある。また，業務負担の軽減としてICTを導入したのに，使えなければ負担が増すだけであり，自分の身の丈に合ったICT技術を活用することが大切であるし，研修などを通して技術を習得する必要もあるかもしれない。働きやすい環境として，ICTをどう活用するか，同僚とともに考えていくことが大切である。

第11章　ICTを活用する力をつける

⑥　ワーク実践例

演習問題 **ICTの活用方法を考えよう**

問1 保育現場で子どもたちと一緒にどのようにICTを活用していきたいか，具体的に書いてみよう。

問2 保護者と連携するためにどのようなICTの活用法があるか，具体的に書いてみよう。

第12章 保育記録を書く力をつける

本章で学ぶこと

保育を振り返り，次のよりよい保育を計画，実践するにあたって，保育記録は重要な役割を果たす。これまで，教育課程論や実習の事前指導などの専門科目を通して，保育記録の意味や書き方を学んできた。また，教育実習・保育実習では，子どもの姿や保育者の指導，実習生自身の子どもとの関わりを振り返って，実際に保育記録を書き，実践に活かす経験をしてきたであろう。

本章では，保育記録の意義や活かし方，さまざまな記録方法について，これまで学んできたことを再確認するとともに，子ども理解を深め，自身の保育を省察し，計画に活かせる実践力をつけることを目標とする。

自らの保育記録を振り返る

実習で書いた保育記録を振り返り，①よく書けているところ，②改善が必要なところを見つけ，③保育記録を書くときにどのようなことに配慮したらよいかを考え，自らの保育記録の課題を整理しよう。

①よく書けているところ

②改善が必要なところ

③保育記録を書くときに配慮すべきポイント

保育記録の意義

　実習中，日誌を書くのがつらいと感じた人もいるだろう。しかし，毎日，実習指導の先生とその日の保育を振り返り，日誌を書くことで，子ども一人一人の見方が深まったり，保育者の支援の意味を理解したり，自身の子どもとの関わり方を省察したりする力が徐々についていくのを実感したのではないだろうか。また，日誌に記録した子どもの姿が，指導をする際の保育の構想につながったと感じられたことだろう。

　保育者も日々，その日の保育を振り返り，記録をとっている。では，どうして保育者は記録をとるのだろうか。記録をとる意義については以下の点があげられる。

① 子どもの様子を振り返り，子ども理解を深めて，次の保育の構想に活かす。
② 保育者の子どもとの関わりを振り返り，保育者の指導の改善を図る。
③ 記録を継続することで子どもの変容する姿をとらえたり，次にその子どもを担当する保育者や小学校と，子どもの育ち，保育者の指導についての情報を共有したりする。
④ 記録をほかの保育者と共有し，子ども理解や指導の改善について助言し合い保育を見直す手立てとする。
⑤ 記録を保護者と共有することにより，子どもの育ちや，園の保育方針や保育内容について理解してもらい連携を図る手立てとする。
⑥ 記録を子どもと共有することにより，子ども自身が自分の育ちや友だちとのつながりを意識し，成長への自信をもてるようになる。

　保育記録の6つの意義を概観すると，保育記録は保育者自身にとってだけでなく，ほかの保育者や保護者，またときに子どもにとっても意義のあることがわかる。

　また，保育記録は，保育の質や保育者の専門性の維持・向上に重要な役割を果たしている。保育は，刻々と変化する子どもの姿を瞬時に見取り，その姿に合わせた関わりが求められる専門的行為である。このため保育者は，見取りや関わりが適切なものであったかどうかを保育実践の最中にも常に振り返り，ときに修正しながら実践を展開していく必要がある。

　ドナルド・ショーンは，実践が終わったあとの振り返り「行為後の省察」だけではなく，「行為のなかでの省察」を行う専門職を「反省的実践家」としている。保育者は，実践のなかで常に省察を行い，よりよい実践を目指す専門職であり，まさしく「反省的実践家」といえる。保育記録そのものは「行為後の省察」ではあるが，視点をもって振り返り，記録する経験を積み重ねることで，「行為のなかの省察」を活かした実践が十全に行えるようになり，保育者の専門性が向上していくのである。

3 保育記録の実際
―― 目的に応じたさまざまな保育記録を学ぶ

　保育記録には，多様な方法があり，それぞれに特徴がある。目的に合わせて，子どもの発達や保育者の経験年数などによってさまざまに使い分けたり，試してみたりするとよいだろう。

1 ■ 個人の記録

（1）日々の個人記録

　子ども一人一人の毎日の遊びや生活の様子を，エピソードで記録する方法である。個人の特徴をとらえやすいので，乳児のように個々の興味・関心の広がりや育ちの様子を細やかにとらえたいとき，入園当初や進級時など，一人一人への理解を深めたいときに適している。個人に焦点を当てるため，仲間関係については表しにくい。

（2）ポートフォリオ

　ポートフォリオとは元々は紙挟みのことをさす。保育においては，一人一人の子どもの遊びの過程やその成果を多様な媒体によって蓄積し，その育ちの様子を継続的に記録する方法をいう。絵や製作物などをファイルなどに挟み込んで蓄積していく場合もあれば，遊びの様子を写真と文章で記録して保管しておく方法もある。

製作物のポートフォリオ
写真12-1 ●マンダラ・フレネスクール (Freinetschool Mandala) ／ベルギー

掲示されたポートフォリオ
写真12-2 ●世田谷代田仁慈保幼園／東京都

2 ■ 遊びや生活の記録

　個人に焦点を当てるのではなく，遊びや生活に焦点を当て，そこに関わった子どもやクラス全体のエピソードを記録する方法である。形式によっていくつかの方法がある。ここでは特に最もよく書かれる形式である日誌型記録と，子どもの遊びと仲間関係を環境図に書くことで可視化できる保育マップ型記録[1] についてふれる。

（1）日誌型記録

　1日の遊びや生活を，登園から降園まで時系列に記録する方法である。キャリアの浅い保育者にも記録しやすく，実習などでは最も一般的に用いられる方法である。遊びや生活の流れを追っていくため，一人一人の遊びの様子や，仲間関係が記録しにくいところがあり，エピソード記録などと併用されることも多い。保育者が関われていない子どもを見落としがちなので，その点にも注意が必要である。

（2）保育マップ型記録

　保育マップ型記録は，保育環境のなかで子どもがどこでどのような遊びをだれと行っているか，子どもの遊びの様子と仲間関係が俯瞰しやすい記録である。また，子どもの遊びは園の環境のなかで同時に並行して行われており，ときにある遊びが別の遊びに影響を与えたり，別の遊びがつながったりすることもある。そうした遊びと遊びの関係性を把握することもできる。

　保育環境を書き，そこに子どもの遊びの状況をエピソードで記録するだけでなく，子どもの経験している内容から，次に必要な経験や，具体的な援助や環境構成について記録することにより，次の保育の構想に活かすことができる工夫がなされている（図12-1）。このため，過去の子どもの姿を根拠として今の子どもを理解し，今の子どもの姿を根拠として次の保育を構想することができる保育記録である。

3 ■ その他の記録

　近年，イタリアのレッジョ・エミリアの保育や，ニュージーランドのテ・ファリキに基づく保育などで用いられる海外発祥の記録の方法が日本をはじめ各国で広く知られるようになり，取り入れられるようになってきた。それぞれの記録の生まれた文化的背景や保育環境が異なるため，形だけ取り入れることには注意が必要であるが，こ

---

1 ）河邉貴子氏（2008）が開発・発表した記録の方法である。河邉貴子「明日の保育の構想につながる記録のあり方──『保育マップ型記録』の有用性」『保育学研究』第46巻第2号，2008，pp.245-256

はな組　11月23日（金）　5歳児　欠席　Z

記録の観点
①子どもの経験している内容　②必要な経験　③具体的な援助としての環境の構成

全体の様子
おもしろそうなものに向かっている間に集中して向き合っている。[次はこうしたらおもしろいかも]という思いに保育者が反応できるとき次が生まれてきている。次を自分たちだけで見出しにくい場面を見逃さないようにしたい。

今週のねらい
○考えや思いを表しながら、友だちと遊びを進める。
○共通の目的がわかり、準備を進めたり、遊びに取り入れたりする。
○見通しをもって、生活を進める。

クラス（学級）での行う活動の様子
・（降園前に完成したパーテーションを使って、明日の予定を伝えたり、シルエットクイズをしたりして使い方を知らせた。
・[ねずみのすもう] のすもうシーンを見せる。「本当は勝ちたいけれど、劇だから負けるんだ」という言葉とその姿をみんなに伝えることができた。

OHPの映画
昨日絵を描いて順番まで考えて番号を振っていたのに、朝一でやらずにみていないと思い、Hに[以曜参観のお母さんたちに見せてみないか]と提案してみる。[そうでもない]Hが乗り気になり仲間を呼び込む。[絵を描いて写してしておもしろいろがったが、それでは物足りず、めあてがあるほうがモチベーションにつながっている。

①絵をS、さめをするめてができたことでやる気になる。順番通り並べてH、Sがめくり、Eが語っていくことがつながっている。
②A、Kもそこに入るかもしれず、そうなることとがなくなるので、生かしたい。したことが形になることで充実感を得られる。
③自分が描いた絵は自分で出すために、番号を振るということを伝えてみたらよいか。番号はシールでみる。

はな組

E, H, S		
B, C, F, I		
H, S, A, G, K, P, U, Y		
I, M, R, T, U		

テラス：バス作り
Bが久しぶりに来たのと、雨が降って外に出られず、突然始まる。積み木、巧技台みながらバスを作る。[本当は電車にしたい]というが、実現はできない。ただ、明日晴れたらやらないと思われる。おそらく大ブロックでバイクを作るだろう。

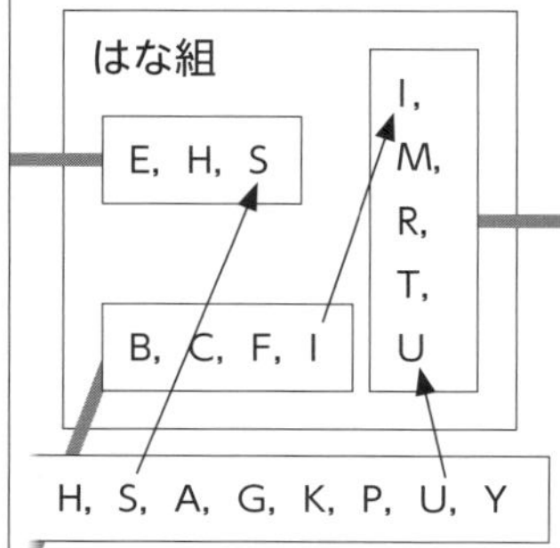

ロボット・カミイごっこ
D、O、Zが相当気に入ったようで、毎日隣のクラスに行ったり戻ってこない。攻撃的なところがたまらないようだ。

水がじゃあっと流れるすべり台
ポイント表を提示したことでR、Tが積極的に作り始める。Rが「的になるブロック」的になるブロックを積極的に作り始める。以前、カミイ作りでやったように自立する方法を考えようとしている。一悪いロボットを作る方法を考えようとしている。自分でロボットを作ったことが、明日の動機になるとよい。

①こうなったほうがよいという思いが生まれるが、具体的な方策を考えつかない。
②思いついたことを友だちや保育者に伝えながら実現の方法を探る経験を重ねたい。
③子どものアイデアを形にするヒントを出すのは必要。具体的な方法を示したり、一緒に作っていくのだける。材料をストックしておく。

劇の大道具作り
・毎日少しずつ進んでいる。のこぎりの扱い方もそれぞれ[危ないもの]とわかって慎重に扱っている。釘打ちも何度となく繰り返すうちに様になってきている子どももいる。真ん中の大きいパネルが完成したのを見て、自分たちが何をしているのかが通せたことも今日の姿につながったか。
①単純におもしろそう！ということだけで、大道具を作っている意識のある子どもも多い。
②自分たちが作ったものが劇に活かされているという実感が必要なのだろう。
③こんな風に使えるよというのを劇の中で見せていきたい。

記録者：中野圭祐氏（東京学芸大学附属幼稚園〈当時〉）

図12-1　保育マップ型記録（例）

③　保育記録の実際──目的に応じたさまざまな保育記録を学ぶ　151

れまでの記録にはなかったよい点もある。

（1）ドキュメンテーション

イタリアのレッジョ・エミリアの保育における，子どもの活動を可視化する記録の方法である。ポートフォリオに似ているが，ポートフォリオが個人記録であるのに対し，ドキュメンテーションはレッジョ・エミリアでは「プロジェクト」とよばれる探究的な活動の記録として用いられている。子どもの活動の様子を写真や絵，活動の流れをフローチャートなどで表し，保育者の見取りを文章で書き込んで作成する。

作成されたドキュメンテーションは，保育者同士が読み合い，次の保育を構想する話し合いに用いられる。ポスター型のものは壁に掲示したり，冊子やファイルにまとめて配架したりして保護者が読めるようにし，子どもの育ちや保育者の指導を保護者が理解し，保育者と連携を図れるようにしている。

お米を守るおじぞうさまづくりの活動のドキュメンテーション
写真12-3 ● 宮前おひさまこども園／神奈川県

（2）ラーニング・ストーリー

ニュージーランドのワイカト大学の教授，マーガレット・カーを中心に開発された記録の方法である。子どもの経験と学びの姿を観察し，写真と文章で記録する。子どもの意欲的な姿に焦点を当てて記述するため，保育者が子どもを肯定的にみられるようになっていく特徴がある。

また，保護者も園からのラーニング・ストーリーに感想や家庭での様子について書き込むことで，子どもに対し肯定的な視点をもてるようになり，園と保護者間によい連携が生まれる。

さらに，保育者が撮った写真を子どもが選び，

保育者と子どもがラーニング・ストーリーを作成している様子
写真12-4 ● サンドリンガム・プライマリースクール（Sandringham Primary School）／イギリス

そこに子どもが語ったコメントを保育者が記録するなど，子ども自身もラーニング・ストーリーの作成に参加する。子どもは自分のラーニング・ストーリーを見直し，友だちと見せ合って自分のラーニング・ストーリーを振り返ることで自信をもったり，新たな遊びにつながったりもする。

4 保育記録の工夫と活かし方

　このように，保育記録にはさまざまな意義や種類があり，近年では，記録用のアプリケーションソフトウェアも開発されている。大切なのは，それぞれの記録の特徴をとらえ，目的に合わせて，記録の方法を選択したり，組み合わせたりすることである。そして，子どもの姿や援助の方法，援助に対する子どもの反応や今後必要と考えられる援助について具体的に記録するとともに，保育者の受けた印象や感じたこと，今後の願いなどについても書いておくとよい。

　そうした具体的な記述をすることで，日々の保育記録は翌日の保育実践につながるだけでなく，中・長期での子どもの育ちや変化がみえるようになり，期や年の指導計画，教育課程や全体的な計画，幼稚園幼児指導要録・保育所児童保育要録・幼保連携型認定こども園園児指導要録（以下，「要録」という）といった評価の基礎資料として活かせるようになる。また，園内研修などで保育者が記録を読み合い，指導の方法について話し合うことで，保育の質や保育者の専門性の維持・向上にもつながる。

5 要録の意義と作成のポイント

　要録は，1年間の指導の過程と子どもの育ちの姿をまとめた資料であり，幼稚園には「幼稚園幼児指導要録」，保育所には「保育所児童保育要録（最終年度のみ）」，幼保連携型認定こども園には「幼保連携型認定こども園園児指導要録」がある。「学籍に関する記録（保育所では「入所に関する記録」）」と「指導に関する記録（保育所では「保育に関する記録」）」で構成され，その年の指導を次の年度の担当あるいは小学校と共有し，子どもの育ちを支える役割を果たす。

　指導に関する記録を作成する際には，日々の記録や期の記録，保育所では児童票な

どをもとに，1年間の具体的な子どもの育ちの姿と，その子どもに対する保育者の指導について書く。大切にしたいのは，日々の記録などを活かしつつ，次の年度に担当する保育者のよりよい指導につながるように，子どもの指導で重視してきた点を具体的に記載することである。子どもの育ちが顕著だと思われるものを，領域のねらいをふまえながらも領域ごとではなく，全体的，総合的にとらえて書く。ほかの子どもと比較したり，小学校のような一定の基準に照らして到達度で評価したりするものではないことにも注意したい。

　また，最終年度の場合には，幼稚園教育要領などに示してある「幼児期の終わりまでに育ってほしい姿」を通して育まれている資質能力をとらえ，指導の過程と育ちつつある姿をわかりやすく具体的に記入し，幼児教育から小学校へ育ちと学びをつないでいくことが求められる。

Work　保育マップ型記録を作成してみよう

　実習日誌のなかから1日を選び，責任実習を思い出しながら図12-1を参考に保育マップ型記録を書いてみよう。

● 子どもが好きな遊びをしている時間の様子に焦点を当てて書く。
● 保育室や園庭，ホールなどの園内環境を図に表し，だれが，どの場所で，どのように遊んでいたかを書き込む。
● それぞれの遊びについて，①：子どもの経験している内容，②：次に必要な経験，③：そのために必要な具体的な援助としての環境の構成の観点を記入する。

ワークシート

```
    組    月  日（  ）      歳児  記録者
天気        欠席

┌─────────────────────────────────────────┐
│ ①子どもの経験している内容  ②必要な経験  ③具体的な援助としての環境の構成 │
└─────────────────────────────────────────┘

┌─────────────────────────────────────────┐
│ 今週のねらい                            │
│                                         │
│                                         │
└─────────────────────────────────────────┘

┌─────────────────────────────────────────┐
│ 全体の様子                              │
│                                         │
│                                         │
└─────────────────────────────────────────┘

┌─────────────────────────────────────────┐
│ クラス（学級）で行う活動の様子          │
│                                         │
│                                         │
└─────────────────────────────────────────┘

 環境図
```

資料：河邉貴子・田代幸代編著『保育ナビブック 目指せ、保育記録の達人！──Learning Story ＋ Teaching Story』フレーベル館，2016，p.75をもとに筆者作成

解説

解説1 ■ 遊びの状況をていねいに見取って記録を書く

　遊びの状況を見取るには，まず，「いつ，どこで，だれが，だれと，どんな遊びを，どのようにしていたか」について極力，主観を交えずに記述する。これらのことに基づいて，子どもがその遊びのなかでどのような思いをもち，ものや事柄，友だちと関わっていたか考察してエピソードを書くことが大切である。

⑤　要録の意義と作成のポイント

解説2 ■ 記録を書きながら，自らの課題に気づく

　遊びの様子のエピソード記録や，子どもの経験している内容から，保育者がここの遊びの展開や仲間関係はよい感じであったことや，ここは援助に困ったということを率直に記録しておき，自らの子どもへの関わりや援助に課題がないかを見直すことが大切である。ほかの保育者と記録を読み合い，意見交換することを通して，ほかの援助方法や自らの保育の課題に気づき，そのことが保育者の資質向上につながっていく。

解説3 ■ 次の保育を構想したり，修正したりする

　保育を振り返り記録を書くなかで，その日の子どもの姿や自らの保育の課題がはっきりとみえてくる。そのことを活かして，次の保育を構想することが大切である。
　保育マップ型記録の場合は，記録を書きながら子どもが経験した内容だけではなく，次に必要な経験とそのための環境構成を考えているので，記録それ自体が翌日の日案になっているともいえる。保育マップ型記録ではなくとも，記録をつけながら，その日子どもが経験した内容だけでなく，次に必要な経験と，そのための環境構成を考える習慣をつけることで，今日の保育を活かした保育の計画が立てやすくなる。あるいは次の保育の計画がある程度決まっている場合も，その日の子どもの姿に合わせて次の保育を柔軟に変更していくことも可能となる。

演習問題　さまざまな記録の方法を体験してみよう

問1　日誌に記録した子どものうち1人に焦点を当てて，その子どもの1日の個人記録を書いてみよう。子どもの遊びの様子，友だちや保育者との関わり，子どもの心の動きなどについて保育者の見取りを，観点をもって詳細に記述しよう。

問2　日誌に記録した遊びや活動を1つ取り上げて，ドキュメンテーションを作成しよう。遊びや活動の流れがわかるように写真の代わりに子どもの様子は絵で表し，子どもの思いやつぶやきは吹き出し，保育者の気づきや願いは囲みをするなどして，保護者やほかの保育者に活動の様子がよく伝わるようなドキュメンテーションを書こう。

第13章 園評価の意義を知り教職員の一員として参加する

> **本章で学ぶこと**
>
> 園の教育・保育の充実は，実施状況を評価し，改善を組織的かつ計画的に行うことにより図られていく。これまで，保育者としての実務内容を知り，保育者としての実践力を磨くことを学んできた。また，園の教育・保育は保育者自身の専門性を基盤としながら，保育のみならず家庭・地域等さまざまにつながり，子どもの育ちを支えていることを理解してきたであろう。
>
> 本章では，幼児教育・保育施設における評価（以下，「園評価」という）について学び，自分自身が園の教育の質の向上にどのように関わっているのかを考え，教職員としての参画のあり方についての意識を高めることで，園の組織の一員としての役割を担う力をつけることを目標とする。

① 園評価の状況「幼稚園，保育所，幼保連携型認定こども園における園評価」

　園評価については，これまで学ぶ機会が少なかったかもしれない。初めて耳にする方もいるだろう。しかし，保育者になるためには，園評価についての知識を深めることが重要になる。園評価は，園の教育や保育の充実を図るために，その実施状況を評価し，組織的かつ計画的に改善を行うために非常に重要な役割を果たす。幼稚園，保育所，幼保連携型認定こども園のそれぞれにおいて，園評価のあり方について定められており，園の特性に応じて運用されている。

1 ■ 幼稚園における園評価

　幼稚園の評価については，学校教育法第28条（第42条を準用）及び学校教育法施行規則第39条（第66条〜第68条を準用）により，自己評価の実施と公表が義務づけられているほか，保護者などの学校関係者による評価と公表が努力義務とされている。

（1）特性

　幼稚園における教育活動は，教科学習が中心の小学校以降の教育活動とは異なり，総合的に行われること，義務教育ではなく私立幼稚園が多いこと，小・中学校に比較して規模が小さいことなどの特性がある。幼稚園の学校評価を行うにあたっては，以下の点を十分に認識する必要がある。

○幼稚園教育活動は「幼稚園教育要領」に基づき総合的に実施されるため，特に教育活動の内容を評価する場合には，これを十分に考慮する必要がある。

○幼稚園は義務教育ではなく，多様な設置主体があり，選択の幅が広いことから，保護者が学校運営の状況を理解することは幼児の健やかな成長のために重要であり，保護者との連携・協力を促進することができる。

（2）目的

　学校（園）評価は，幼児がよりよい教育活動を享受できるように学校運営の改善と発展を図り，教育の水準を保証し向上させることが目的である。そのため，学校の教育活動や運営状況を評価し，結果に基づき改善を行い，評価結果を保護者等に公表することが必要である。具体的な目的は以下の3つである。

○学校が目指すべき目標を設定し，その達成状況や取り組みの適切さを評価して，組織的・継続的な改善を図ること。

○自己評価や保護者・学校関係者による評価を実施し，その結果を公表・説明することで説明責任を果たし，連携・協力を進めること。

○学校の設置者が評価結果に基づいて支援や条件整備の改善措置を講じ，教育の質を保証し向上させること。

2 ■ 保育所における園評価

　保育所保育指針第1章の3の（4）において，保育所の自己評価について「自ら評価を行い，その結果を公表するよう努めなければならない」とされており，「保護者及び地域住民等の意見を聴くことが望ましい」とされている。

　厚生労働省「保育所における自己評価ガイドライン（2020年改訂版）」で示されている，自己評価の「観点」「方法・内容」などは，決まった型があるわけではなく，ここから園に合わせてどうデザインしていくかについて園にゆだねられており，型や方法がある福祉サービス第三者評価事業（以下，「第三者評価」という）及びその前提で行われる自己評価とはかなり異なっている。

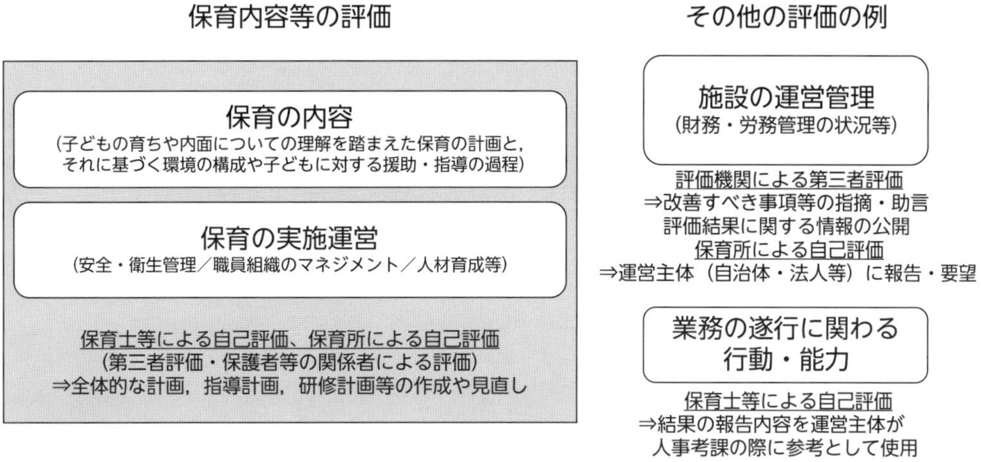

保育内容等の評価

保育の内容
（子どもの育ちや内面についての理解を踏まえた保育の計画と，
それに基づく環境の構成や子どもに対する援助・指導の過程）

保育の実施運営
（安全・衛生管理／職員組織のマネジメント／人材育成等）

保育士等による自己評価、保育所による自己評価
（第三者評価・保護者等の関係者による評価）
⇒全体的な計画，指導計画，研修計画等の作成や見直し

その他の評価の例

施設の運営管理
（財務・労務管理の状況等）

評価機関による第三者評価
⇒改善すべき事項等の指摘・助言
評価結果に関する情報の公開
保育所による自己評価
⇒運営主体（自治体・法人等）に報告・要望

業務の遂行に関わる
行動・能力

保育士等による自己評価
⇒結果の報告内容を運営主体が
人事考課の際に参考として使用

図13-1 保育所で行われるさまざまな評価

資料：厚生労働省「保育所における自己評価ガイドライン（2020年改訂版）」2020，p.2

3 ■ 幼保連携型認定こども園における園評価

　幼保連携型認定こども園は，就学前の子どもに関する教育，保育等の総合的な提供の推進に関する法律（認定こども園法）第23条及び認定こども園法施行規則第23条において，設置者が教育及び保育並びに子育て支援事業の状況，その他の運営の状況について，自ら評価を行い（自己評価），その結果を公表することとされている。また，同法施行規則第24条においては，自己評価の結果をふまえ，園の関係者による評価を行い，その結果を公表すること（関係者評価），また，第25条においては，定期的に外部の者による評価を受けて，その結果を公表すること（第三者評価）が，努力義務とされている。

　幼保連携型認定こども園では，ガイドラインの作成はされておらず，それぞれの園の実態に応じて取り組まれている[1]。

　幼児教育・保育施設の種類別にみた評価の現状は，それぞれの施設によって取り組みは異なっている。

---

1) 保育教諭養成課程研究会『令和4年度子ども・子育て支援調査研究事業 幼保連携型認定こども園における評価に関する調査研究報告書』保育教諭養成課程研究会，2023

園評価の実例

園評価には，自己評価，関係者評価，第三者評価の3つが含まれ，表13-1のとおり定められている。

表13-1　園評価実施の実際

園種	所管省庁	自己評価	関係者評価	第三者評価
幼稚園	文部科学省	義務	努力義務	
保育所	子ども家庭庁	努力義務	努力義務	努力義務
認定こども園	子ども家庭庁	義務	努力義務	努力義務

各評価の取り組み方は，幼児教育・保育施設の種類別の違いにより異なるところもあるが，目標や計画を理解し，保育の見直しを行い，達成状況や取り組みの適切さを評価することが求められる。また，その基盤として，個々の保育者による保育の振り返りも重要である。

1 ■ 自己評価

幼稚園では，自己評価について以下とされている。

> 　園長のリーダーシップの下で全教職員が参加し，設定した目標や計画に基づいて，達成状況や取り組みの適切さを評価することである。保護者や地域住民を対象とするアンケートや懇談会を通じて，幼稚園教育に関する理解や意見，要望を把握することが重要である。アンケートは自己評価の資料として活用され，関係者評価とは区別される。また，園児の送迎や行事の際に保護者とのコミュニケーションの機会を積極的に利用し，要望や意見を収集する努力も重要である。
> 　　　　（文部科学省「幼稚園における学校評価ガイドライン〔平成23年改訂〕」
> 　　　　　　　　　　　　　　　　　　　　　　　　　　　　　　2011より要約）

保育所では，自己評価について図13-2のようにイメージされている。

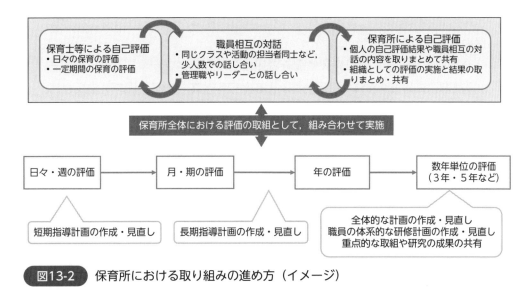

図13-2 保育所における取り組みの進め方（イメージ）

資料：厚生労働省「保育所における自己評価ガイドライン（2020年改訂版）」2020, p.29

認定こども園では，自己評価について以下とされている。
「幼保連携型認定こども園教育・保育要領」「保育所における自己評価ガイドライン」「幼稚園における学校評価ガイドライン」を参照して，各園の実態に応じて工夫されている[2]。

2 ■ 関係者評価

幼稚園では，関係者評価について以下とされている。

> 学校関係者評価は，保護者，地域住民などにより構成された委員会等が，その学校の教育活動の観察や意見交換等を通じて，自己評価の結果について評価することを基本として行うものである。
> （文部科学省「幼稚園における学校評価ガイドライン［平成23年改訂］」
> 2011より抜粋）

2）保育教諭養成課程研究会『令和4年度子ども・子育て支援調査研究事業 幼保連携型認定こども園における評価に関する調査研究報告書』保育教諭養成課程研究会，2023より要約

保育所では，関係者評価について以下とされている。

> 関係者（保護者等）との理解の共有・連携の促進のため，保護者や地域住民の意見の把握を行う。
> （全国福祉サービス第三者評価調査者連絡会「令和4年度 子ども・子育て支援推進調査研究事業 保育所等における第三者評価，自己評価の実施及び活用に関する調査研究」2023より要約）

認定こども園では，関係者評価について以下とされている。

> 第24条　幼保連携型認定こども園の設置者は，前条第一項の規定による評価の結果を踏まえた当該幼保連携型認定こども園の園児の保護者その他の当該幼保連携型認定こども園の関係者（当該幼保連携型認定こども園の職員を除く。）による評価を行い，その結果を公表するよう努めるものとする。
> （認定こども園法施行規則第24条）

3 ■ 第三者評価

幼稚園では，第三者評価について以下とされている。

> 第三者評価は，その学校に直接かかわりをもたない専門家等の第三者が，自己評価及び関係者評価の結果等も資料として活用しつつ，教育活動その他の学校運営全般について，専門的・客観的（第三者的）立場から評価を行うものである。
> （文部科学省「幼稚園における学校評価ガイドライン〔平成23年改訂〕」2011より要約）

保育所では，第三者評価について以下とされている。

> 福祉サービス第三者評価事業として，福祉施設・事業者が提供する福祉サービスの質を事業者及び利用者以外の公正・中立な第三者評価機関が専門的かつ客観的な立場から評価する仕組みにより（外部の事業者に依頼して，評価を受ける）実施される。

認定こども園では，第三者評価について以下とされている。

第25条　幼保連携型認定こども園の設置者は，当該幼保連携型認定こども園における教育及び保育等の状況その他の運営の状況について，定期的に外部の者による評価を受けて，その結果を公表するよう努めるものとする。

(認定こども園法施行規則第25条)

Work　ガイドラインから考えよう

1. 次は「幼稚園における学校評価ガイドライン〔平成23年改訂〕」より，評価項目・指標等の設定について検討する際の視点から抜粋した「教育課程・指導」についての内容である。担任の立場として，参画できる内容とその方法について考えてみよう。

【教育課程・指導】

建学の精神や教育目標に基づいた幼稚園の運営状況	例：
・幼稚園の状況を踏まえた教育目標等の設定状況 ・幼稚園の教育課程の編成 ・実施の考え方についての教職員間の共通理解の状況 ・学校行事の管理・実施体制の状況 ・教育週数，1日の教育時間の状況 ・年間の指導計画や週案などの作成の状況 ・幼小の円滑な連携・接続に関する工夫の状況 ・遊具・用具の活用 ・チーム保育などにおける教員間の協力的な指導の状況 ・幼児に適した環境に整備されているかなど，学級経営の状況 ・幼稚園教育要領の内容に沿った幼児の発達に即した指導の状況 ・環境を通して行う幼稚園教育の実施の状況 ・幼児との信頼関係の構築の状況 ・幼児の主体的な活動の尊重 ・遊びを通しての総合的な指導の状況 ・一人一人の発達の特性に応じた指導の状況　など	→年間の指導計画を理解して週案などの短期計画を立案し，結果を改善につなげる。

2. 次は「保育所における自己評価ガイドライン（2020年改訂版）」より「Ⅰ　保育の基本的理念と実践に係る観点（例）」の抜粋である。それぞれの項目ごとに，担任の立場として参画できる内容とその方法について考えてみよう。

②　園評価の実例　163

【Ⅰ　保育の基本的理念と実践に係る観点（例）】

子どもの最善の利益の考慮
子どもの人権への配慮／一人一人の人格の尊重　等

子どもの理解
育ち／内面／個性／生活の状況／他者との関係性／集団（グループ・クラス）の状況　等

保育のねらい及び内容
発達過程に即したねらい及び内容／子どもの実態に即した保育の展開／健康・安全で心地よい生活／子どもの主体的な遊び・生活／体験の豊かさや広がり／子ども相互の関わりや関係づくり／集団における活動の充実　等

保育の環境（人・物・場）の構成
健康，安全で情緒の安定した生活ができる環境／自己を十分に発揮できる環境／自発的・意欲的に関われるような環境／多様で豊かな環境／活動と休息，緊張感と解放感等の調和がとれる環境／自ら周囲の子どもや大人と関わっていくことができる環境／状況に即した柔軟な環境の再構成／子ども・保育士・保護者等の対話を促す環境／地域社会の様々な資源の活用　等

保育士等の子どもへの関わり（援助・行動・言葉・位置・タイミング・配慮等）
養護と教育の一体的な展開（乳児保育・1歳以上3歳未満児の保育・3歳以上児の保育）／子どもが安心感や信頼感をもてる関わり／個人差への配慮／家庭での保護者との関係や生活への配慮／環境の変化や移行への配慮／子どもの変化に応じた活動の柔軟な展開とその援助／子どもの主体的な活動を促す多様で適切な援助／特別な支援や配慮を要する子どもへの関わり　等

育ちの見通しに基づく保育
全体的な計画／指導計画（短期・長期）／保育の記録のあり方・活用／行事の時期と内容／職員間の役割分担及び協力体制　等

例：

・子どもの最善の利益の考慮に関しては…

・子どもの理解に関しては…

164

解説 🔍

解説1 ■ 教育課程・指導の視点から考える

　実際に担任として保育に携わるなかで，可能なことについて具体的に考えていく。たとえば「（P）年間の指導計画を理解して週案などの短期計画を立案（D）保育を展開する（C）保育の展開結果を改善（A）次の保育につなげる」といったように今の状況の下で，自分なりに予測できることを選んで，PDCAサイクルを用いて考えてみる。実際に可能なことと気づきが浮かび上がってくるかもしれない。自分なりに考えたあとに，グループで結果を伝え合うとさまざまな予測や気づきが生まれる。

解説2 ■ 園全体の営みをとらえる

　Work2では，園全体のことや保育全体に関わることに視野を広げて，園の保育者の一員になることを想定して考える。表の中の基本的理念に対して，あなたはどのような考えをもっているのか。自分なりの考えをまとめてみよう。次に実践に関わる観点から，自分なりの考えと振り返りの視点を考えることで，園評価に対する参画意識が高まっていく。

演習問題 園評価の効果・成果を考えてみよう

問1　園評価の結果を公表する効果について話し合いましょう。

問2　園評価の取り組みを通じてどのようなことが成果として期待されるでしょうか。話し合いましょう。

---

② 園評価の実例　165

第14章　研修を通して学ぶ

本章で学ぶこと

幼児期の教育は，①環境を通して行うものであること，②幼児期の自発的な活動としての遊びは心身の調和のとれた発達の基礎を培う重要な学習であること，③幼児期にふさわしい生活や遊びを通して，幼児期に育みたい資質・能力を一体的に育むことなど，本章に至るまで乳幼児期の教育・保育の基本について理論とともに演習を通して実践的にも学んできたことであろう。

本章では，これまで学んできた幼児期の教育・保育の基本をふまえ，子どもの言動の理解と予想のもとに保育を構想する力，実践を振り返り評価し改善を図る力など，より質の高い幼児期の教育・保育を行う保育者の専門性を身につけるための重要な研修について考えていく。幼稚園教諭免許状や保育士資格を取得するに値する専門性を身につけ，その質の向上を図るには，「学び続ける保育者」である必要がある。このことを自覚し，そのために必要な研修について考えていく。

1　研修についての事前学習

　まず，研修について学ぶ前に，次ページのワークシートに取り組んでみよう。各自，実習で行った責任（全日）実習における計画段階と実習後とを振り返り，各項目について書いてみよう。

　○実習前
　・指導計画を作成するうえで，子どもの姿をどのように予想したか。
　・予想した子どもの姿に応じて，環境の構成をどのように考えたか。
　・予想した子ども一人一人に応じて，どのような援助をしようと考えたか。
　○実習後
　・自分が予想した子どもの姿と実際の子どもの姿とでは，どのような違いがあったか。
　・子どもと一緒にふれ合いながら，どのように環境を再構成していったか。
　・子ども一人一人に応じ，どのように援助を行ったか。
　○子どもの姿や指導する自分の姿などを通して，自分なりに気づいたことは何か。
　○クラス担任との振り返りからわかったことはどのようなことか，整理してみよう。

①責任実習を振り返り，整理してみよう。

実習前の話し合い	実習後の話し合い
予想した子どもの姿	実際の子どもの姿
子どもの姿を予想した環境の構成	子どもの姿に応じた環境の再構成
予想した子どもの姿への援助	実際の子どもの状況に応じた援助

②実習の前と後を振り返り，予想したことと実習中との相違点を通して，自分なりに気づいたこと。

③実習後，クラス担任との話し合いを通して，理解したこと。

研修の意義

1 ■ 研修の必要性

　研修の必要性を考えるにあたり，まず，研修についての事前学習として，前項に示した「実習前後の話し合いの振り返り」を行ったのはなぜか考えてみよう。

　記載しながら，実習前に予想した子どもの姿と実際の子どもの姿との違いを知り，自分の予想の甘さも感じたことであろう。子どもの発達の姿をもっと深く理解していたら，より適切な対応ができたのではないかと反省もしたであろう。つまり，自分がどのように子どもの発達の姿をとらえていたか，子どもの言動をどのように受けとめていたかについて振り返ることで，自分自身の今の力を知り，もっと子ども一人一人を受容的・応答的に対応ができるようにする必要があることに気づく。そのために必要な子ども一人一人が目を輝かせて遊ぶ魅力的な環境や保育者としての適切な関わり方など，実習から養成校に戻り，今後，何を学ぶ必要があるかを実感したことであろう。また，実習担当の先生との話し合いを通して，自分一人では気づけなかったことに初めて目を向け，今後の課題も見つけることもできたであろう。

　実習前の予想と後とで大きなずれがあると，「失敗した」「自分は指導力がない」などと思いがちである。しかし，そのようなことは保育経験者でも，保育後，1日の自分の子どもとの関わり方を振り返り，子どもの気持ちを十分に汲みとれずに悲しい思いで帰してしまったのではないかと，茫然としてしまうこともある。だが，ずれを感じるからこそ，そのずれがどうして起こってしまったのかを振り返り，どのように対応するとよかったのか，もっとふさわしい援助や環境の構成はなかっただろうかということに目を向けることとなる。

　こうした自分自身の指導を振り返り，課題を明らかにし，よりよい保育のあり方を求めていくうえで，「研修」が必要なのである。

　乳幼児期の教育・保育は，生涯にわたる人格形成の基礎を培う重要なものである。また，乳幼児期は，自分の興味や関心から離れた知識や技能を一方的に教えられて育つ時期ではない。子ども自らが身近な環境に働きかけ，試行錯誤を繰り返しながら環境のもつ意味や仕組みを学んでいく「環境を通して行う」教育を基本としている。そのなかで特に重視していることに，「遊びを通して総合的に指導する」ことがある。保育者は常に，目の前の子どもの言動を理解し，瞬時に判断し，一人一人に応じた援助や環境の再構成を行う必要がある。日々，子どもとともに過ごしながら，保育者としてのあり方を学んでいると言っても過言ではない。専門性の向上を目指して，養成校で身につけた学びを土台に，保育者として採用後も常に質の高い教育・保育を追究

する「学び続ける保育者」としての姿勢が必要である。

研修の必要性について，教育基本法では，次のように規定されている。

【教育基本法】

第9条　法律に定める学校の教育は，自己の崇高な使命を深く自覚し，絶えず研究と修養に励み，その職責の遂行に努めなければならない。

2　前項の教員については，その使命と職責の重要性にかんがみ，その身分は尊重され，待遇の適正が期せられるとともに，養成と研修の充実が図られなければならない。

これに基づき，公立学校職員には，教育公務員特例法に，研修を受ける義務が示されている。

【教育公務員特例法】

第21条　教育公務員は，その職責を遂行するために，絶えず研究と修養に努めなければならない。

2　教育公務員の研修実施者は，教育公務員の研修について，それに要する施設，研修を奨励するための方途その他研修に関する計画を樹立し，その実施に努めなければならない。

また，保育士についても，保育所保育指針の第5章「職員の資質向上」において次のように示されている。

【保育所保育指針　第5章 職員の資質向上　3 職員の研修等】

（1）職員における研修

職員が日々の保育実践を通じて，必要な知識及び技術の修得，維持及び向上を図るとともに，保育の課題等への共通理解や協働性を高め，保育所全体としての保育の質の向上を図っていくためには，日常的に職員同士が主体的に学び合う姿勢と環境が重要であり，職場内での研修の充実が図られなければならない。

---

2 ■ 保育者として求められる専門性とは

教育・保育内容の質の向上を図るには，その担い手である保育者自身の幼児教育・

保育の専門性が求められるが，保育者の専門性とは，どのようなことであろうか。

　ここでは，2002（平成14）年の文部科学省「幼稚園教員の資質向上について――自ら学ぶ幼稚園教員のために」にあげられた内容をもとに，幼稚園教育要領，保育所保育指針，幼保連携型認定こども園教育・保育要領における理念などもふまえ，専門性として次のことをあげる。

①　乳幼児への深い理解・総合的に指導する力

　乳幼児の発達の特性に応じた「見方・考え方」を理解し，学びをとらえる力，遊びを通した総合的な指導，乳幼児理解に基づく評価のあり方など

②　保育の構想力と実践力

　「見方・考え方」を豊かにする教材の工夫，環境を構成する力，主体的・対話的で深い学びを実現する力，評価を活かした指導の改善など

③　得意分野を活かした保育者集団の一員としての協働性

④　特別な教育的配慮を要する乳幼児へ対応する力

　障害のある子どもへの対応，海外から帰国した子どもや日本語の習得が困難な子どもへの指導など

⑤　小学校との連携を通して，小学校教育との接続を推進する力

　「資質能力」の系統性をとらえる力，小学校以降の教員と連携する力など

⑥　保護者や地域社会との関係を構築する力

　「社会に開かれた教育課程」を実現するための創意工夫をする力など

⑦　人権に対する理解

⑧　園長など，管理職のリーダーシップ

　園内の全教職員による組織的なカリキュラム・マネジメントの推進力など

⑨　幼児教育における今日的課題に対応する力など

　安全に関する指導，安全管理，情報機器との関わりと活用，3歳未満児の保育と子育て支援への対応

　また，保育者の専門的な知識や技能を高める必要のあるものは，乳児保育，幼児教育，障害児保育，食育・アレルギー対応，保健衛生，安全対策，保護者支援，子育て支援などがあげられる。こうした保育者ならではの専門性の向上に努めるためには，幼稚園，保育所，認定こども園等（以下，「園」という）の幼児教育を行う施設の内外における研修を実施する必要がある。

園内研修の実際

　園内での研修は特に，日々の実践に直接つながり，個々の子どもの発達にも影響を与える。内容は，各園の教育・保育方針に基づく具体的な指導のあり方，担当する子ども一人一人の理解に基づく計画や指導の実際，評価，改善につながる保育実践に関

表14-1　園内における主な研修内容

研修場面	研修内容
教育目標，保育目標の共通理解	年度当初，園の教育・保育の目標や方針など，共通理解を図り，その達成に向け，各年齢における方針や指導の重点などについて，共通理解を図る。
クラス（学級）経営の方針について	家庭との連携や前年度の担当保育者との引継ぎを通して，担当するクラスの1年間の重視する方向性の見通しをもつ。
子どもの理解 実践事例検討	日々の実践記録を通してカンファレンスを行い，子ども一人一人の言動の意味，子どもの理解を深め，一人一人の発達の課題をとらえ，指導の改善を図る。
教材研究 環境の構成の見直し 保育技術の向上	子どもが主体的に取り組む物的・空間的環境の構成，子どもの好奇心や探究心を高め，深い学びにつながる教材の工夫，子ども一人一人の発達の課題に対応した援助のあり方などの保育技術の向上，教材の開発などを行う。
実践の振り返り 評価と改善	子どもの姿を多面的にとらえ，発達の理解と保育者の指導の振り返りを行う。ほかの教職員との意見交換により，妥当性・信頼性の高い評価を行い，子どもの言動の理解と予想に基づき，環境の構成の改善，次の指導方法の改善を図る。
研究保育	・互いに実践を見合うなかで，担任1人では気づけない子どものよさや可能性，自分とは違うとらえ方などにふれ，実践についての助言や意見交換を行い，よりよい指導法について検討する。 ・園内で重点的に取り組む研究課題について，仮説を立て，それに基づき指導方法を開発したり，実践を通して検証を行ったりして，新たな方向性などを見出したり，まとめたりする。
行事への取り組み方	日頃の遊び，子どもの興味や関心などから，子どもが主体的に取り組み発達の節目となる行事のあり方，行事に向けた過程の見通し，当日の進め方などについて意見交換，共通理解を図る。
遊具などの安全点検，緊急時の教職員の連携体制	・子どもの安全・安定を考えた園環境の見直し，教職員間の連携を考える。 ・緊急時の教職員間の確認事項や役割分担，教職員の連携体制の確認を行う。
家庭・地域との連携体制	家庭との連携を深めるための園での子どもの様子や活動の発信方法の工夫，保護者対応の仕方，地域の特色，人材や資源などの発見とその活用方法，連携の仕方を考える。

わる研修がある。それらを表14-1に示す。

　いずれも、こうした園内での研修を通して、保育者間の日常的な協力と話し合いを深め、互いのよさを認め合い、保育者としての専門性を高め合う場にすることが重要である。

4 園外研修の実際

　園内研修に加え、保育者の専門性をより高めるために、広い視野から日々の実践を見つめ直す園外での研修が求められる。

　幼稚園や幼保連携型認定こども園は、教育基本法第6条に基づく「法律に定める学校」である。そのため、公立である場合は教育公務員特例法により、初任者研修、中堅教諭等資質向上研修が法定研修として定められている。表14-2は、これらの研修の視点例を示したものである。私立学校教員も、それぞれの学校の実情に応じて公立学校での研修を参考に、実施することが望ましいとされている。

表14-2　初任者研修・中堅教諭等資質向上研修の視点例

研修名	研修の目的	研修内容の例	職務との関連
初任者研修 幼稚園教諭研修・保育教諭研修	幼稚園教諭・保育教諭としての職務を遂行するために必要な事項に関して、基礎的な理解を図るとともに教育・保育実践に必要な基本的な知識・技術の向上を図る。	・基礎的素養 ・クラス経営 ・教育課程や全体的な計画など ・乳幼児理解	・乳幼児を理解し、総合的に指導する力 ・具体的に実践を構想し実践する力 ・特別な教育的配慮を要する乳幼児への対応 ・保護者との連携と家庭支援
中堅教諭等資質向上研修 幼稚園教諭研修・保育教諭研修	幼稚園教諭・保育教諭としての専門性やリーダー性を高め、全園的な視野に立ち、指導的な立場で、園経営に参画できる資質・指導力の向上を図る。	・指導力向上 ・園運営参画 ・教育・保育の課題 ・若手育成 ・園評価 ・幼小接続 ・家庭支援	・具体的に実践を構想し実践する力 ・得意分野の育成、教職員集団の一員としての協働性 ・特別な教育的配慮を要する乳幼児への指導 ・人権に対する理解 ・保護者や地域社会との関係を構築する力 ・小学校との連携、小学校教育との接続を推進する力

資料：保育教諭養成課程研究会「幼稚園教諭・保育教諭のための研修ガイド―質の高い教育・保育の実現のために―」2014（平成26）年度文部科学省委託「幼児教育の改善・充実調査研究」、2015, pp.34-35を改変

これらの研修に加え，幼稚園教育要領，小学校学習指導要領，保育所保育指針などの2017（平成29）年の改定（訂）における教育・保育内容の整合性や，連携・接続の必要性をふまえ，各学校種，施設の違いを超えて，合同での研修も行われるようになってきている。それらを自園の研修に活かすとともに，乳幼児期から児童期への発達や学びの連続性を考慮し，学校教育全体における幼児期の教育の位置づけと重要性を意識した研修も必要である。

Work 研究保育を通してよりふさわしい指導へ

次の事例「研究保育を行うにあたって」は，園内での研究保育の際の子どもの姿である。事例を読んだあと，ワークシートに沿って子どもの姿を読みとり，保育者の援助などを考えてみよう。また，学生同士で考えたことを話し合い，多面的な視点から子どもをとらえ，指導の方法を考え合ってみよう。

事例 「研究保育を行うにあたって」

A先生の3歳児クラスには，B児という障害の診断名がついているわけではないが，支援の必要な子どもがいる。遊具にこだわりをもち，今は，バギーカーのなかでも消防自動車のタイプのものがお気に入りで，使えないと機嫌が悪い。また，クラスの子どもが大勢いる場にはなかなか入ろうとせず，クラス全体での活動の時間は，ひたすら消防自動車を走らせていることが多い。

生活発表会が近づき，A先生は，クラスの子どものお気に入りの絵本『三匹の子ぶた』を簡単な劇遊びにしようとしている。B児にも周りの子どもがしていることに少しでも興味をもってほしいと願っているが，外で消防自動車を走らせる日々が続いている。先輩の先生に相談したところ，B児のこだわっている消防自動車のタイヤを拭き，遊戯室でも使えるようにしたらどうかと助言をもらった。

① A先生は，この様子をほかの先生方にも見てもらい，今後のB児とクラスの子どもとの関係性，保育者の関わり方についてともに考えてほしいことを伝えた。

【研究保育当日】

② B児はお気に入りの消防自動車と一緒なので喜んで，クラスのみんなと遊戯室に入ってきた。しかし，保育室よりも広い遊戯室で消防自動車を走らせ，劇遊びをする子どもには見向きもしない。

④ 園外研修の実際　173

③ A先生はB児に何度も「Bくんは，どの子ぶたさんになりたいかな」と声をかけたり，わらの家から逃げ回る子どもを追いかけながら，消防自動車に乗るB児も追いかけたりしてみたが，まったく，劇遊びには目も向けない感じであった。

④ しかし，劇の最後，A先生がオオカミになりえんとつから入り込み，なべに落ちて「あちちちー」と走り回る場面になったときである。B児が，消防自動車で保育者を追いかけてきた。そして，「ジャー，ジャー」と言いながら，A先生のお尻にホースで水をかける動きをしてきた。

【研究保育反省会にて】

⑤ A先生は，このときのB児の姿をうれしく語り，先輩の先生方に遊戯室に消防自動車を持ち込む助言に感謝を述べた。

ワークシート ✏

Q1 ①から，研究保育を行う目的について考えてみよう。

Q2 B児の姿から，気持ちや行動の意味を読みとってみよう。

〈②の姿から〉

〈③の姿から〉

〈④の姿から〉

Q3 今後のB児とクラスの子どもとのつながりをつくるうえで，どのようなことを考えていくとよいだろうか。あなたも研究保育に参加した1人として考えてみよう。そのあと，学生同士で意見を出し合い，援助の方向性を見つけてみよう。

解 説

解説1 ■ 研究保育はなぜ行うのか

　研究保育というと，経験年数の浅い保育者の指導力向上を図るために，園長をはじめ，ほかの教職員の指導のもとで保育を行い，反省会のなかで指導方法について指摘

を受けたり今後の課題について助言を受けたりするなど，緊張感のなかで指導を受けるイメージではないだろうか。しかし，研究保育は，一保育者の指導力向上のみならず，教職員全員が子どもの実態を理解し，保育の展開について情報や意見を交換し，今必要な課題をとらえて，園の保育全体の質向上を図るために行うものである。これは，幼児教育におけるチーム保育の考え方である。

チーム保育では，園の教職員全体で「園の子ども全員をともに育んでいく」という意識をもち，協力体制を築き，互いに支え合い，よりよい保育を目指すために学び合うことを重視している。また，幼児理解に基づく妥当性・信頼性の高い評価を行ううえでも，子どもの言動を多面的にとらえることが大切である。このためには研究保育などを通して，教職員の資質能力を高める必要がある。

事例のように，子どもの指導の悩みを担任が1人で抱え込まず，研究保育を通して具体的な関わり方について場面を共有し，意見を交換し，ともに考えることで，幼児理解を深め，より適切な援助を探ることができる。

解説2 ■ ②〜④の場面

〈②の場面〉研究保育では，担任がほかの保育者の助言を受け，保育にその方法を取り入れて子どもの反応や様子を検証することができる。事例では，クラスでの活動に入ることを苦手とする子どもへの指導として，「気に入っている遊具があれば，クラスでの活動に入ることができるのではないか」という助言に対し，果たして適切なものであったかをともに確認することができる。指導のあり方で担任1人では行き詰まることも，チーム保育であれば実践後，指導が適切であったかを検証し，さらによりふさわしい指導を見出すことにつながる。その際，担任の主観だけでなく，ほかの保育者の目も通して振り返ることができるのが，研究保育ならではである。

〈③④の場面〉B児の②の姿を受けとめつつ，さらに③④の姿をどのように考えるか，連続した子どもの行動から何を読みとるかが重要になる。幼児教育では，一人一人の特性に応じ，発達の課題に即した指導を行うことが重要である。しかし，それは必ずしも個人の活動だけを重視しているわけではない。こうした劇遊びというクラス全体の活動においても，その子どもらしさが活かされることが必要である。B児の③の姿と④の行動は，まったく逆のように見えるが，果たしてそうであろうか。B児が活動する場に入ってからの行動の変化の意味をとらえることが重要であろう。

解説3 ■ 研究保育後の反省会を通して 〈⑤の場面〉

研究保育で重要なことは，教職員間で指導の実際の場面や子どもの行動を共有する

こと，そして研究保育後の反省会で，子どもの行動を多面的にとらえながら教職員間で意見交換し，指導のあり方を考え合う過程である。事例では，指導者であるA先生の反省をもとに，A先生が課題ととらえていることをどのように今後の指導に活かしていくとよいか，方向性を全員で話し合うことである。

　研究保育を行うに至った当初の目的，「クラス全体での活動に入ることに抵抗感をもつ子どもへの対応を考える」に沿って，実際の保育をみた感想から始まった。「自分が担任だったらどうするか」「こうするのはどうだろうか」と教職員が自分の課題として受けとめ，解決の糸口を見つけ合おうとする。そのなかから，次のB児への理解と指導の方向性が出てきた。

- 気に入った遊具を遊戯室で使えるようにしたことで，クラス全体の子どものいる場に抵抗なく入ることができたのではないか。
- 安心して遊ぶことができたからこそ，B児の視野にクラスの子どもの姿や活動していること，特に，絆が深まってきている担任（A先生）の動きや言葉に，目を向け耳を傾けるきっかけになったのではないか。
- だから，A先生の「あちちちー」と言う声に反応して，自分の最も気に入っていることで関わる楽しさを感じたのではないか。
- 劇遊びのストーリーの最後に，「オオカミがえんとつから入り，『あちちちー』と言うと，消防自動車が登場し水をかける」という流れを入れてはどうだろうか。
- B児の保護者もきっと，みんなと一緒に活動することが苦手なわが子に心配を寄せているであろうから，「みんなと同じ行動をすることが重要なのではなく，みんなのなかでもB児らしく行動したり，喜んで参加したりすることが大事なこと」を伝えてはどうであろうか。

以下は，研究保育後のB児とクラスの子ども，B児の保護者の様子である。

　A先生は，劇遊びのストーリーを見直したことで，B児は毎回その場面を期待して待ち，A先生のオオカミの声を聞くと，喜んで勢いよく消防自動車を走らせて登場してくるようになった。クラスの一員という意識はまだ定かではない。しかし，自分のしたいことを通して，クラスのみんなと一緒にいることに抵抗感をもたなくなっているどころか，居心地のよさを感じてもいるようであった。また，クラスの子どもも，そのB児の登場を喜んで待つ様子もみられた。

　そして，当日，B児の登場を何よりも喜んで見ていたのが保護者であった。

第14章　研修を通して学ぶ

④　園外研修の実際　177

演習問題 学び合い，学び続ける自分を目指して

問 1 p.166の「①研修についての事前学習」について，実習前の項目をほかの学生と見合い，自分だったらどのようにとらえるか，環境や援助についてどのように考えるか，話し合ってみよう。

問 2 問1を話し合ったあと，担任の先生との話し合いで気づいたことを通して，自分たちに今必要な学びは何か，卒業までの学習に必要なことを考え合ってみよう。

第15章 現代的な課題への対応

本章で学ぶこと

これからの保育・教育では，すべての子どものウェルビーイングを保障するカリキュラムの実現が求められる。ウェルビーイングは，身体的，精神的，社会的に良好な状態であることであり，短期的だけではなく，生涯にわたる持続的な幸福を含む概念である。この視点から，本章では，「小学校教育との連携の推進」「『OECD保育の質向上白書——人生の始まりこそ力強く：ECECのツールボックス』[1)] のメッセージ」「『学習の本質——研究の活用から実践へ』[2)] のメッセージ」の3項目を解説している。

これから職業人として自立していく皆さんには，ぜひとも知ってほしい事柄であり，ここでの学修をきっかけにして，さらなる関心をもっていくことを願っている。

1 小学校教育との連携の推進

1 ■ 小学校教育との連携の目的

　遊びを通しての総合的な指導を中心とする幼児教育と，教科などの学習を中心とする小学校教育とでは，教育の内容や方法が大きく異なり，その違いが小学校入学の子どもにとっては「段差」となっている（表15-1）。子ども一人一人がその段差を乗り越えて，安心して小学校の生活や学習をスタートできるようにすることが小学校教育との連携の目的である。すなわち，「段差」を低くして，幼児教育から小学校教育への連続的な発達や学びを確保することにより，子ども一人一人が小学校教育において，学習の主体者として成長していけることを目指していく。

---

1) OECD編著『OECD保育の質向上白書——人生の始まりこそ力強く：ECECのツールボックス』明石書店，2019
2) OECD教育研究革新センター編著，立田慶裕・平沢安政監訳『学習の本質——研究の活用から実践へ』明石書店，2013

表15-1 幼児教育と小学校教育の比較

項目	幼児教育	小学校教育
教育内容と方法	・遊びを中心とする生活を通して総合的に保育する。	・教科等の学習を中心として指導する。
教育の最小単位	・1日が，教育の最小単位である。	・単位時間により，学習活動が区切られる。
1日の構成と時間	・子どもの興味や関心，意識の流れに沿って活動が展開し，1日の流れを構成する。	・一定の時間割に基づいて学習活動が展開する。
ねらい	・ねらいは方向目標である。	・ねらいは到達目標である。
教材	・幼児の直接的・具体的体験を重視する。	・主たる学習材は教科書である。
活動の展開	・子どもの活動に沿って展開する。柔軟な指導，多様な活動が展開する。	・学習活動はクラス（学級）全体の学び合いが主。学級全体の活動，教材は共通となることが多い。
評価	・幼児理解に基づいた評価。一人一人の変容をとらえた個人内評価をする。	・目標の実現に向けた学習状況を把握する観点から，学習の過程や成果を評価。評価規準に基づく絶対評価。

2 ■ 小学校教員との意見交換や合同の研修の機会を設け，相互理解を深める

　幼小間にある「段差」を乗り越えるために，現在幼稚園，保育所，認定こども園等（以下，「園」という）では，園に小学生を招き交流する，5歳児が1日小学校体験をする，小学校の行事に幼児が参加するなど，さまざまな交流を通して，幼児が小学校生活に期待がもてるようにしている。また保護者向けには，小学校教員による小学校の生活や学習の紹介，小学校の保護者との交流などの機会を設け，小学校生活についての情報を提供している。さらに小学校教員との研修の交流を通して，特に5歳児後半から小学校1年生の生活や学習について情報交換をするなど，さまざまな交流を重ねる努力をしている。

　こうした機会を通して，互いの教育，幼児が園で生活する姿や小学生が学習をする姿などについて相互理解を深め，幼児教育から小学校教育への移行の課題を共有している。すなわち，幼児教育と小学校教育の違いを発達段階による「尊重すべき違い」として受けとめることから，連携を深めている。

3 ■ 学校教育において育成する資質・能力と「幼児期の終わりまでに育ってほしい姿」

　現在，幼児教育から高等学校までの学校教育全体で，「生きる力」を具体化し「学

校教育で育成すべき資質・能力の3つの柱」を明確化し，カリキュラム改善が進められている。幼児教育においては，生きる力の基礎を培うために，次にあげる育みたい資質・能力を園生活の全体を通して育むよう努めることとしている。

① 豊かな体験を通じて，感じたり，気づいたり，わかったり，できるようになったりする「知識及び技能の基礎」

② 気づいたことや，できるようになったことなどを使い，考えたり，試したり，工夫したり，表現したりする「思考力，判断力，表現力等の基礎」

③ 心情・意欲・態度が育つなかで，よりよい生活を営もうとする「学びに向かう力，人間性等」

このことを受けて，2018（平成30）年4月実施の幼稚園教育要領，保育所保育指針，幼保連携型認定こども園教育・保育要領（以下，「要領，指針等」という）では，幼小の連携について，カリキュラムの視点からさらに一歩進めた。すなわち，「幼児期の終わりまでに育ってほしい姿」の10の姿（表15-2）を提示し，小学校教員と共有し，幼小の接続の時期にはそれぞれの指導内容や方法を工夫していくことを提案している。

5歳児の保育では，小学校1年生の授業でも「幼児期の終わりまでに育ってほしい姿」を念頭におき，一人一人が発達に必要な体験が得られるような状況をつくるなど，指導をする際に考慮することが大切である。このため，幼児教育を担う教職員と小学校教員が話し合う場面では，「幼児期の終わりまでに育ってほしい姿」の視点から子どもの姿や指導についての情報を交換し共有することにより，幼児教育と小学校教育との円滑な接続について一層の強化を図ることができる。

4 ■ 幼保小の架け橋プログラムの展開

（1）幼保小の架け橋プログラムが目指す方向性

2022（令和4）年に報告された中央教育審議会初等中等教育分科会幼児教育と小学校教育の架け橋特別委員会「幼児教育と小学校教育の架け橋特別委員会－審議経過報告－」では，これまでの幼児教育と小学校教育との連携の課題を整理し，今後，連携を一層進めていくために，その「目指す方向性」として，次の5項目をあげている。

❶ 「社会に開かれたカリキュラム」の実現に向けた，教育の質に関する認識の共有

よりよい教育の実現がよりよい社会を創るという目標を共有し，連携・協働しながら「社会に開かれたカリキュラム」の実現を目指す観点から，幼小間で，幼児教育のカリキュラム自体が社会とつながり開かれたものとする必要性について，認識を共有し，幼保小接続の取り組みを推進することが求められている。

表15-2 幼児期の終わりまでに育ってほしい姿

項目	幼児期の終わりまでに育ってほしい姿
健康な心と体	幼稚園生活の中で，充実感をもって自分のやりたいことに向かって心と体を十分に働かせ，見通しをもって行動し，自ら健康で安全な生活をつくり出すようになる。
自立心	身近な環境に主体的に関わり様々な活動を楽しむ中で，しなければならないことを自覚し，自分の力で行うために考えたり，工夫したりしながら，諦めずにやり遂げることで達成感を味わい，自信をもって行動するようになる。
協同性	友達と関わる中で，互いの思いや考えなどを共有し，共通の目的の実現に向けて，考えたり，工夫したり，協力したりし，充実感をもってやり遂げるようになる。
道徳性・規範意識の芽生え	友達と様々な体験を重ねる中で，してよいことや悪いことが分かり，自分の行動を振り返ったり，友達の気持ちに共感したりし，相手の立場に立って行動するようになる。また，きまりを守る必要性が分かり，自分の気持ちを調整し，友達と折り合いを付けながら，きまりをつくったり，守ったりするようになる。
社会生活との関わり	家族を大切にしようとする気持ちをもつとともに，地域の身近な人と触れ合う中で，人との様々な関わり方に気付き，相手の気持ちを考えて関わり，自分が役に立つ喜びを感じ，地域に親しみをもつようになる。また，幼稚園内外の様々な環境に関わる中で，遊びや生活に必要な情報を取り入れ，情報に基づき判断したり，情報を伝え合ったり，活用したりするなど，情報を役立てながら活動するようになるとともに，公共の施設を大切に利用するなどして，社会とのつながりなどを意識するようになる。
思考力の芽生え	身近な事象に積極的に関わる中で，物の性質や仕組みなどを感じ取ったり，気付いたりし，考えたり，予想したり，工夫したりするなど，多様な関わりを楽しむようになる。また，友達の様々な考えに触れる中で，自分と異なる考えがあることに気付き，自ら判断したり，考え直したりするなど，新しい考えを生み出す喜びを味わいながら，自分の考えをよりよいものにするようになる。
自然との関わり・生命尊重	自然に触れて感動する体験を通して，自然の変化などを感じ取り，好奇心や探究心をもって考え言葉などで表現しながら，身近な事象への関心が高まるとともに，自然への愛情や畏敬の念をもつようになる。また，身近な動植物に心を動かされる中で，生命の不思議さや尊さに気付き，身近な動植物への接し方を考え，命あるものとしていたわり，大切にする気持ちをもって関わるようになる。
数量や図形，標識や文字などへの関心・感覚	遊びや生活の中で，数量や図形，標識や文字などに親しむ体験を重ねたり，標識や文字の役割に気付いたりし，自らの必要感に基づきこれらを活用し，興味や関心，感覚をもつようになる。
言葉による伝え合い	先生や友達と心を通わせる中で，絵本や物語などに親しみながら，豊かな言葉や表現を身に付け，経験したことや考えたことなどを言葉で伝えたり，相手の話を注意して聞いたりし，言葉による伝え合いを楽しむようになる。
豊かな感性と表現	心を動かす出来事などに触れ感性を働かせる中で，様々な素材の特徴や表現の仕方などに気付き，感じたことや考えたことを自分で表現したり，友達同士で表現する過程を楽しんだりし，表現する喜びを味わい，意欲をもつようになる。

❷ 「幼児期の終わりまでに育ってほしい姿」と
　各園・学校や地域の創意工夫を活かした幼保小の架け橋プログラムの実施

　「架け橋期」は，義務教育開始前の1年間と義務教育開始後の1年間の2年間をさす。この時期は，幼児教育の遊びを中心とする学習スタイルから，小学校に入学して次第に時間割に基づいた学習に移行する。これまでも指摘されてきた幼児教育と小学校教育の間にある「段差」を解消していくためには，幼児教育と小学校教育とが共通の理念でカリキュラムを作成する必要がある。すなわち，子どもの遊びや学びのプロセスをとらえて，共通の理念をもって，カリキュラムや教育方法の充実・改善を進めていく必要がある。

❸ すべての子どものウェルビーイングを保障するカリキュラムの実現

　すべての子どものウェルビーイングを保障するため，カリキュラム・マネジメントの充実を図り，教育課程編成・指導計画作成，実施や評価・改善等を通じて，組織的かつ計画的に教育活動の質の向上が図られるようにする。

❹ 幼児教育推進体制等の全国展開による，教育の質の保障と専門性の向上

　架け橋期の教育には，幼稚園，保育所，認定こども園，小学校と，それぞれの目的をもつ施設の連携・協働が欠かせない。そのためには，今後，各自治体において幼児教育推進体制を整えて，幼保小の架け橋プログラムの推進を担うことが求められる。各自治体内の幼児教育推進体制では，幼児教育センターを設置して，幼児期・架け橋期における，①教育の質を向上するための体制の構築，②教育に関する専門性の向上（専門職員（指導主事・幼児教育アドバイザー等）の配置，指導資料の充実・実践事例の蓄積，研修の充実など），③域内全体への取り組みの普及を図るといった機能をもつ。

❺ 地域における園・小学校の役割の認識と関係機関との連携・協働等

　教育・福祉等の関係機関と連携・協働を図り，保護者が子育ての喜びや生きがいを実感できるよう，幼児教育施設における親子登園や相談事業，一時預かり事業等の取り組みの充実を図る。また，園・小学校における障害のある子どもに対する教育の充実，それを支える関係機関や部局と連携した切れ目のない支援を行う。

（2）幼児教育と小学校教育とが共通の理念でカリキュラムを作成する

　「架け橋」という言葉には，幼児教育の遊びや生活を中心とする経験カリキュラムのもとで学んできたことを，教科等の学習を中心とする小学校教育につないでいくために，幼児教育側と小学校教育側の両側から「架け橋をかける」という意味が込められている。そのために，5歳児の終わりの頃に，ようやく芽生えてきた資質・能力を「幼児期の終わりまでに育ってほしい姿」の視点に沿って具体的に伝えていく必要がある。その際，単に5歳児だから芽生えてきた姿ではなく，幼児教育において資質・

能力をとらえたカリキュラムのもとで環境の構成や援助を重ねてきた結果，幼児期の終わり頃になってようやく芽生えてきていることを伝えることが重要である。そのことが，小学校1年生の指導を考えるヒントになり，指導の工夫につながっていくと考えられるからである。すなわち，共通の理念でカリキュラムを作成することにつながる。

　現在，幼保小の架け橋プログラムは，それぞれの自治体の実態に応じてそれぞれの取り組みが展開している。巻末には，その参考事例として，栃木県幼児教育センターと高知県教育委員会の取り組みの文献を掲載している。

　ここでは，ある小学校区の幼保小の教職員が，合同研修で，「朝顔の栽培」の事例を取り上げ，子どもの姿や実践の交流をしている様子を紹介する。はじめは，幼児教育側の実践報告である。子どもたちは，花壇に種をまいて，毎日水をやっていたが，なかなか芽が出ないので，掘り返したら種がなくなっていることに気づいたそうだ。子どもたちの間では，「水で流されたのかもしれない」「鳥が食べたのではないか」「鳥は小さな種は見えないから食べない」「水をやりすぎて腐ったかもしれない」などと話題になり，もう一度種まきにチャレンジしたそうだ。今度は，プランターにまき，鳥から守り，水やりも制限した。「もう一度種をまく」という取り組みは，まさに時間に縛られない幼児教育だからこそできる取り組みなのかもしれない。幼児教育で大事なことは，うまくできなかったことも含めて，多様な体験を重ねることであり，こうした多様な体験が豊かな経験となり，小学校以降の生活や学習の基盤となっていくのではないかという提案だった。

　この報告のあと，小学校教育側からも実践報告があった。これまで，あまり準備もせずに朝顔の栽培の単元を展開してきてしまったことを反省し，その年の実践では，子どもたちの「きれいな花を咲かせたい」という思いや願いをもって取り組めるための工夫をしたそうだ。具体的には，栽培には何が必要かについて，調べたり，家の人からの情報を収集したりして情報を集め，どうしたらきれいな花を咲かせられるかについて，クラスで話し合って課題を整理してから，学習を展開したところ，その後，活発な学習活動が展開し，学習の成果を確認することができたことを報告していた。

　同じ「朝顔の栽培」の事例でも，その展開は各学校段階により異なる。ただし，幼児教育側も小学校教育側も共通に大事にしていることは，「子どもの気づきを受けとめ，主体的な取り組みをうながす」「子ども同士の情報のやりとりをする場面をとらえて，対話的な学びを進める」，そのうえで「深い学び」の実現を図るという，学びのプロセスであった。

　幼保小の架け橋プログラムでは，こうした架け橋期カリキュラムについての話し合いが活発に行われ，幼児教育から小学校教育への「学びの連続性」が図られることが求められている。

② 『OECD保育の質向上白書——人生の始まりこそ力強く：ECECのツールボックス』のメッセージ

1 ■ OECDによる『Starting Strong』シリーズ

OECD（経済協力開発機構）による就学前教育施策に関する報告書『Starting Strong 2017（OECD保育白書2017年版）』では，「各国は，社会的流動性を高め，あらゆる子供が自分の能力を最大限活かす機会を得られるように，安価で質の高い早期幼児教育・保育（early childhood education and care：ECEC）を提供する取り組みを強化するべき」と述べ，OECDに加盟する各国のほとんどの政府が近年，入園，入学者を拡大するために，より多くの託児所と学校を開設するための投資を増やしていることを明らかにしている。また今後各国は，教諭の労働条件の改善，あらゆる子どもに公平な利用の機会を確保すること，新たな指導方法の導入などに焦点を当てる必要があることを提言している。日本においても，2019（令和元）年10月から3歳以上の子どもたちの幼児教育の無償化が始まったところである。

『OECD保育の質向上白書——人生の始まりこそ力強く：ECECのツールボックス』は，OECDによる乳幼児期の教育とケアに関する報告書『Starting Strong Ⅰ』(2001年)，『Starting Strong Ⅱ』(2006年) に続く，3作め『Starting Strong Ⅲ：A Quality Toolbox for Early Childhood Education and Care』(2011年)（以下，『SS Ⅲ』という）の全訳であり，本節では，その概要を紹介する。『SS Ⅲ』では，子どもの学習と発達の向上のためには質の基準が不可欠だと指摘し，5つの政策レバーを提案している。

- ・政策レバー1：質の目標と規制の設定
- ・政策レバー2：カリキュラムと学習基準のデザインと実施
- ・政策レバー3：資格・養成・研修，労働条件の改善
- ・政策レバー4：家庭と地域社会の関与
- ・政策レバー5：データ収集，調査研究，モニタリングの推進

「政策レバー」とは，行政で使われる用語で，「政策的なてこ入れ」「介入点」を意味するものである。国のこれからの政策として，質向上のためにどのような政策が必要かを示したものである。各国の実情により，政策発展と実施状況の段階はそれぞれに異なっているが，どの段階であろうとも，この5つの政策レバーは，ECECの質向上には有効であるとしている。

2 ■ 『SS Ⅲ』の概要

『SS Ⅲ』の概要は次の通りである。

---

1. 乳幼児期の教育とケア（ECEC）は子どもや親，社会全体に広範囲の恩恵をもたらすが，その恩恵の程度は「質」いかんに関わっている。

2. 明確な質の目標と規制の設定は，優先順位の高い領域に資源を配置することを可能にし，より調和のとれた子ども中心のサービスを促進し，事業主たちの活動空間を公平にし，親が情報をもとにサービスを選択するのを手助けする。

3. カリキュラムや学習基準があれば，多様な環境でのECEC施設の質を一定に確保でき，保育者の教育方略の強化や子どもの発達についての親のよりよい理解に役立つ。

4. ECECの職員は健全な子どもの発達と学習に主要な役割を担い，改革すべき領域には，資格認定，初期養成教育，職能開発，労働条件が含まれる。

5. 親と地域社会は，同じ目標に向かってともに働く「パートナー」とみなされるべきであり，家庭の学習環境と近隣社会は，子どもの健全な発達と学習にとって重要である。

6. データ収集・調査研究・モニタリングは，子どもの成果を向上させ，サービス供給の持続的な改善を動かす力強い手段である。

1のなかで述べている「その恩恵の程度は『質』いかんに関わっている」は，強い口調である。解説ではさらに強く，「もし質が低ければ，プラスの影響どころか，子どもの発達への長期にわたる有害な影響が続く」と述べ，ECECにおいては，どのような質であるかが重要であることを冒頭のメッセージとして確認している。

2に関しては，ECECの質向上を強化するためには，明確な質目標と最低基準を定めることが重要であることを確認している。多くの国では，最低基準については設定されているが，たとえば，職員と担当する子どもの人数比，室内と戸外の面積，職員の資格レベルなど，構造的な指標に基づいている。就学前教育とチャイルドケアの監督省庁が異なるためにそれぞれが「乖離」した状態になっている国においては，「統合された」サービスを目指して，どのECECの施設でも同じ基準が適用される必要があるとしている。そのためには，質目標についての合意の形成，最低基準に関しては質基準に適合するサービスの財源の確保，異なる規制下にあるさまざまな事業主の間の透明性を増すことなどが必要な政策課題となる。

3に関しては，OECD加盟国では，ほぼ全部に3歳から義務教育開始までのカリキュラムの学習基準があると述べ，特に最近では，乳幼児期から8歳，10歳，あるいは18歳までの連続的な子どもの発達を構想し始めている国や地域が増えていることを報告している。日本の2018（平成30）年4月から実施されている要領，指針等においても，幼児教育から高等教育までを見通して，一貫して学校教育において育成すべき資質・能力の3つの柱に沿って考えられている。カリキュラムや学習基準にあたっては，①目標と内容の定義，②学校段階の枠組みにつなげること，③改訂（定）にあたっては，関係する教職員に伝達すること，④効果的に実施すること，⑤内容と実施状況を評価することを課題としてあげている。またそのための戦略的課題として，教職員の専門性開発をあげている。

4に関しては，ECEC部門で働く職員の資格は国によって大きく異なっている。一部の国において，ECEC従事者に対する一元化された資格制度を有している。ECEC部門で働く職員の職能開発研修では，①指導法と教育実践，②カリキュラムの実施，③言語と教科領域の関連事項，④モニタリングと評価，⑤コミュニケーションとマネジメントなどのテーマにて研修を受けることとしている。

5に関しては，「親の関与」は，子どもの健全な発達と学習を遂げるための重要な政策レバーとしている。特に，各国が直面する困難は，①親の側の認識と意欲の不足，②ECECサービスの親との意思疎通とアウトリーチ，③親の側の参加のための時間的制約，④親の間の不平等と多様性の増大をあげている。「地域社会の関与」も重要な政策レバーと考えられる。地域社会は，家庭とECECサービスとの間，家庭とその他子どもの関連サービスをつなぐ「コネクター」としての役割，親，特に恵まれない家庭の親のストレスを軽減し，賢い選択を支援する「ソーシャルネットワーク」の役割，社会的な結束と公共の秩序をうながす「環境」としての役割，「資源の供給源」としての役割などを有する。しかし，同時に親に対する地域社会の関与について困難があることを指摘している。困難を乗り越える取り組みとしては，地域社会を単に「近隣」あるいは「自治体」としてみるのではなく，NGO，民間基金，宗教団体，図書館，その他さまざまな社会的サービスが包括されたものとしてみなすことが有益であるとしている。

6に関しては，データ収集とモニタリングは，子どもの質の高いECECに公平にアクセスできているかどうか，そしてそこから恩恵を得ているかどうかに関する事実の動向，エビデンスを立証することに役立つ。データ収集とモニタリングは説明責任を果たしており，プログラム改善のために不可欠である。ただし，これらが質の目標と関連して開発されること，かつ子ども，実践者，プログラムの各データが互いにリンクしていることが要件として必要である。調査研究は，政策と実践に情報を与える影響力があるツールである。ECECにおける調査研究は，プログラムの成否を説明する

重要な役割を果たし，ECECへ投資する際にどの分野が重要かの優先づけを行い，また実践の情報をエビデンスの形で提供することができる。ECECのよく使われる調査研究のタイプには，その国特有の調査研究，大規模なプログラム評価研究，縦断研究，実践とその過程についての研究，参与観察調査，国際比較研究，政策レビュー，社会文化分析などがある。量的研究方法も，質的研究方法も，ECECにおける研究の進歩には必要であると述べている。

　以上が報告書の概要である。これらの内容は，すぐに幼児教育や保育の展開に影響を与えるものではない。しかし，これからの日本の幼児教育・保育を担っていく保育者には，こうした世界的なECECの質向上に関する改革の流れについての関心をもちつつ，広い視野から幼児教育・保育の質をとらえ，その向上に努めていくことが求められていると考える。『SS Ⅲ』が，そのスタートとなることを願っている。

3 『学習の本質──研究の活用から実践へ』のメッセージ

　世界の複雑さや不安定さが増しているなかで，不確実な人生を歩むであろう子どもには，どのような力が必要なのだろう。OECDが子どもに期待するのは，全人類の繁栄や持続可能性，ウェルビーイングに価値をおくことであり，分断よりも協働を，短期的な利益よりも持続可能性を大切にして，子どもが社会に対して責任を負うとともに権限をもつことである。OECDは，知識や技能とともに価値態度を子どもに養おうとする。

　そのような力を養うためには，園や学校や授業の仕組み，すなわち学習環境をどのように設計すればよいのだろうか。そこでの教育者の責務と使命とはどのようなものだろうか。『学習の本質（The Nature of Learning）』はその答えへと向かう一里塚になる報告書である。

1 ■ OECDの提言が日本の教育・保育に及ぼす影響

　近年，OECDの国際比較調査によるデータと提言は，日本の教育・保育の現状と課題をあらわにしている。たとえば，OECDによる生徒の学習到達度調査（PISA）は国家間の順位の上がり下がりが日本のマスメディアに取り沙汰され，調査により示される教育課題が学習指導要領の改訂の方向性に影響を与えている。また，OECD

の2003年以降の子どもの貧困率調査の結果が子どもの貧困対策を日本社会にうながし，前項で紹介した3次にわたる『Starting Strong』報告書が，日本の幼児教育・保育への投資と政策に影響を与えている。

　このように，OECDの提言は日本の教育・保育を考える枠組み全体に影響を与えており，実践の現場にとっても意味が大きい。なかでもPISAは，「キー・コンピテンシー」を学習成果として測定していて，日本の教育観に大きく影響している。これは，現代社会を生きる人に必要な能力としてOECDが1997年から「コンピテンシーの定義と選択（DeSeCo）プロジェクト」で検討し，定義した学力である。

2 ■ 状況のなかで課題に対応する能力から社会を変革する能力へ

　キー・コンピテンシーとは，知識，スキル，態度及び価値を含む総括的概念で，特定の文脈において心理社会的なリソース（技能や態度を含む）を引き出し，動員することによって複雑な要求にうまく対応する能力のことである。簡単に言えば，学校で習得した知識と技能を実生活での課題に活用できる能力であり，認知的能力だけではなく，人格の深部にまで及ぶ全体的能力を含み，日本の教育の目的とされている「生きる力」とも通じる。

　DeSeCoの報告では，コンピテンシーは，①相互作用的に言語や知識や技術などの道具を用いる力，②異質な集団の間で交流する力（他者と関わり協力し，葛藤に対処し解決する），③自律的に行動する力（大きな絵〈ビジョン〉をもって人生を歩み，権利，利益，限界とニーズを主張する）の3つに分類されていて，これらの力が相互に連関し合いながら働いているとされていた。

　その後，OECDが唱えるキー・コンピテンシーの内容は変化してきている。OECDは2015年に「Education 2030」というプロジェクトを起こし，2030年という近未来において子どもたちに求められるコンピテンシーを新たに定め，教育実践を構成する内在的・環境的要素を新たに検討している[3]。

　プロジェクトの方針書「教育とスキルの未来：Education 2030」[4]のなかに「OECD Learning Framework 2030（2030年に向けた学習枠組み）」が示されている。ここでは子どもを，生活のあらゆる側面において積極的な役割を担っていくものであり，また将来，時間的・空間的・社会的に交錯するさまざまな社会的文脈のなかで不確実な人生を歩んでいく存在であるととらえている。「私たちの社会を変革し，

3）文部科学省初等中等教育局教育課程課教育課程企画室「OECD Education 2030プロジェクトについて」
4）OECD「教育とスキルの未来：Education 2030【仮訳（案）】」，文部科学省初等中等教育局教育課程課教育課程企画室「OECD Education 2030プロジェクトについて」pp.2-9

③　『学習の本質──研究の活用から実践へ』のメッセージ　189

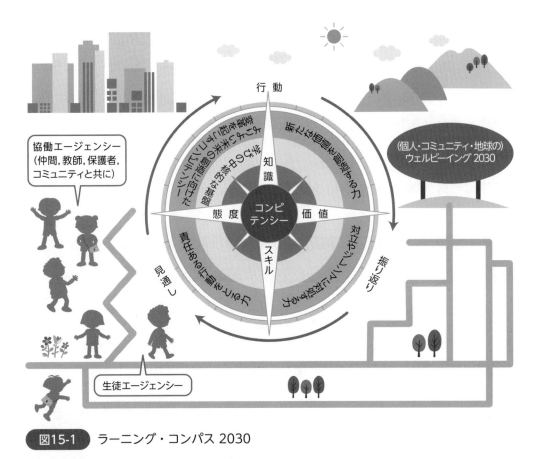

図15-1 ラーニング・コンパス 2030

資料：OECD「ラーニング・コンパス（学びの羅針盤）2030」をもとに筆者作成

私たちの未来を作り上げていくためのコンピテンシー」こそが，子どもに求められるという。そこで，新たに3つのカテゴリーを示している。すなわち，①新たな価値を創造する力，②対立やジレンマを克服する力，③責任ある行動をとる力である。

また，これらのコンピテンシーの育成を中核においた学習の過程を，OECD「ラーニング・コンパス（学びの羅針盤）2030」というモデルで示している。このモデルでは学習者個人だけではなく，教育実践者をはじめ，教育に関わりをもつさまざまな利害関係者がコミュニティを形成し，個人や社会のウェルビーイングの実現を目標として共有して学習の枠組みを進化させ続けることができる，開かれた仕組みが描かれている（図15-1）。「よりよい未来の創造に向けた変革を起こすコンピテンシー」を育成するためには，子どもは見通し・行動・振り返りという3つの学習プロセスを，社会参画を通じて繰り返しながら，人々や物事・環境がよりよいものとなるように影響を与えるという責任感（生徒エージェンシー）を発揮していく。また，子どもを囲む仲間や教師，保護者，そしてコミュニティがウェルビーイングに向けて子どもと相互作用しながら，子どもを導いていくこと（協働エージェンシー）が必要である。

3 ■ 学びの環境をどのように構成するか

　それでは，学校や授業の仕組み，すなわち学習環境をどのように設計すればよいのだろうか。『学習の本質──研究の活用から実践へ』は学習の本質に立ち返って，この問いに迫ろうとする報告書である。

　報告書では，学習した知識やスキルをさまざまな文脈や状況において，柔軟かつ創造的に適用する力，すなわち「適合的能力」を習得することを学習の目標とする。この目標に向けて学習を組織し園や学校を革新する方法を，学習に関する教育諸科学の研究成果を広く再検討することにより集約している。

　まず，本質的に学習は「文脈化されている」ものであり，学習の本質や成果は生活の文脈に強く依存しているという理解に立つ。したがって，学習環境を革新するには，個人がどのように学ぶのかを理解するとともに，組織に関する社会学的研究の知見を吸収して，教師の信念や仕事の状況に直接影響を与える必要がある。つまり，学習環境そのものに注目し，学習環境を包括的にとらえるのである。

　そのうえで，効果のある学習の4つの特性をあげている。「学習は構成的である」「学習は自己調整的である」「学習は状況的ないし文脈的である」「学習は共同的である」。この特性を実現する学習環境のあり方を以下の7つの原理にまとめている。

4 ■ 学習環境の設計の核となる7つの原理

　次に「学習環境の設計の核となる7つの原理」[5]を紹介しよう。

原理1．学習者を中心とする

　効果的な学習環境は，その中心的参加者としての学習者を認め，学習者の活動的な関わりを促進し，学習者としての自身の活動の理解をその内に育てていく。

　知識は学習者が活動することで構成されるものであり，子どもは環境との相互作用のなかで知識やスキルを獲得するプロセスに努力して注意深く関わり（engagement），教師は，形成的なフィードバックにより子どもが「自己調整的な学習者」になるよう励ます。

5）OECD教育研究革新センター編著，立田慶裕・平沢安政監訳『学習の本質──研究の活用から実践へ』明石書店，2013，pp.396-399

> **原理2．学習の社会性を重視する**
> 効果的な学習環境は，学習の社会的本質の基礎となり，うまく組織化された共同学習を積極的に促進する。

効果的な学習は，本質的には「分散型」の活動であり，個人の知識構成は，相互作用や交渉，共同の過程を通じて生じる。共同のグループワークは，適切に組織され構成された場合，はるかに効率的な達成度を生み，行動面でも情緒面でも成果を上げる。共同する力は，それ自身が価値ある成果であり，測定されるような成果への効果とは切り離して育てられる必要がある。

> **原理3．感情が学習にとって重要である**
> 効果的な学習環境内にいる学習の専門家は，学習者の動機づけや達成感情の重要な役割を高度に調和させる。

教師は，子どもを学習のプロセスに導くために，子どもの意欲的な信念や情緒的な対応に気づく必要がある。子どもも，効果的で自己調整的な学習者になろうとするならば，自分の感情や動機を調整できる必要がある。

> **原理4．個人差を認識する**
> 効果的な学習環境は，学習者間の個人的な差異，既有知識を含む差異に非常に敏感である。

効果的な学習環境にとっての基本的な課題は，根本的な個人間の差異に対処して，同時に子どもが共有する教育や文化の枠組みのなかでともに学ぶことを保障することである。そこで個々の学習者とグループの作業とを持続させ，いろいろな活動と学習のペースを適合させるように学習環境を個別化（personalized）する。

> **原理5．すべての生徒をのばす**
> 効果的な学習環境は，ハードワークを要求するプログラムや過度な負担を取り除いて取り組めるプログラムなど，いろいろなプログラムを工夫する。

うまく設計されたグループ学習の方法は，それぞれの学習者の力をのばす。また，個別化した学習環境は，実質的な個人差を補うとともに，各学習者が自分自身で考えている以上にのびるようにする。

> ### 原理6. 学習のアセスメントを活用する
> 　効果的な学習環境は，明確な期待を伴って作用し，そうした期待と一貫したアセスメント戦略を展開する。そこでは，学習を支える形成的なフィードバックが特に強調される。

　効果的な学習環境では，何が期待されているかを明確に示す必要がある。その結果，子どもは，より大きな枠組みへと個別の学習活動を適合させていくので，子どもは自己調整的な学習者になる。アセスメントは本質的に，子どもが取り組むように求められる活動の認知的に必要な要素を定義して，教授と学習の架け橋になる。

> ### 原理7. 水平的な関係をつくる
> 　効果的な学習環境は，知識や教科の領域を超え，広い世界や地域にわたる「水平的なつながり」を強力に促進する。

　学習は，階層化した知識内の多くの基本的要素を組織化することで，複雑な知識構造を組み立てていく。最適な学習は転移性の高い知識構造をつくりあげている。効果的な学習環境は，より広い環境や社会との「水平的なつながり」を強力に促進する。こうして現在取り組んでいる学習と現実生活の問題との関連性が増していく。

5 ■ 7つの原理に基づく学習環境の構成

　7つの原理はすべて，効果的な学習環境のなかに実現されていくものだが，わかりやすく4つの特性にまとめてみよう。

① 　教師中心ではなく学習者中心の環境を構成するが，教師は重要な役割を担う。
② 　構造化され専門的に設計された学習環境をともなう。
③ 　個別化した学習環境の実現。多様な学習ペースや必要に応じたフィードバックを通じて行われ，個々人の差異を考慮していく。
④ 　基本的に社会的かつ包摂的である。

　学習の原理を保障する教師の責任として，一層高水準の専門性との関わりが求められる。学習環境を設計して編成する重要な役割を担うのが教育の専門家である。こうした学習環境は，調べ学習や自律的学習を可能にし，いろいろなレベルでの無定型的な学習環境の要素も取り入れることを可能にする。これは教師が教えることと自律的な学習の両方の利点を活かすものであって，偶然的な学習でも非構造的な学習でもない。個別化は学習者の活動を中心におき，個人の豊かな差異を反映させるとともに，

学習者たちが共同し地域とのつながりをもつ場合には，学習がより効果的になる。

　このようにみてくると，これらの原理と特性は，幼児教育・保育の世界で「環境を通して保育をする」理念のもとに追究されてきた原理に近いことに気づくだろう。幼児教育・保育から高等教育に至る一貫した学びのビジョンをもって子どもの育ちを考えることが，これからの教育の革新につながる可能性がここに示唆されている。

演習問題 **各資料から学んだことをまとめてみよう**

問1 小学校学習指導要領で，幼児教育との連携がどのように書かれているのかまとめてみよう。また，小学校入門期のスタートカリキュラムはどのようにして立てるのか調べてみよう。

問2 OECD編著『OECD保育の質向上白書——人生の始まりこそ力強く：ECECのツールボックス』を読んで，乳幼児教育・保育の質保障のための政策にはどのような取り組みがあるか学ぼう。

問3 「学習環境の設計の核となる7つの原理」を参照して，身近な保育・幼児教育の環境構成を見直してみよう。それは子どもにどのような力を養おうとしているのだろうか。

参考文献　••

第3章　クラス担任の仕事を知る

文部科学省『幼稚園教育指導資料　第1集　指導計画の作成と保育の展開（平成25年7月改訂）』フレーベル館，2013

第4章　人間関係の育ちとクラス経営

今井和子・島本一男編著『集団っていいな――一人ひとりのみんなが育ち合う社会を創る』ミネルヴァ書房，2020

大宮勇雄『保育の質を高める――21世紀の保育観・保育条件・専門性』ひとなる書房，2006

文部科学省「幼児理解に基づいた評価」2019

第5章　特別な支援の必要な子どもとその対応

三菱UFJリサーチ＆コンサルティング『保育所等における外国籍等の子ども・保護者への対応に関する調査研究事業報告書』三菱UFJリサーチ＆コンサルティング，2020

水野智美『幼児に対する障害理解指導――障害を子どもたちにどのように伝えればよいか』文化書房博文社，2008

西村修一『合理的配慮とICFの活用――インクルーシブ教育実現への射程』クリエイツかもがわ，2014

咲間まり子監『保育者のための外国人保護者支援の本』かもがわ出版，2020

文部科学省「共生社会の形成に向けたインクルーシブ教育システム構築のための特別支援教育の推進（報告）」中央教育審議会初等中等教育分科会，2012

第6章　保護者との関係構築

友定啓子・山口大学教育学部附属幼稚園『保護者サポートシステム――もう一つの子育て支援』フレーベル館，2004

第7章　地域の子育て支援

渡辺久子・T.タンミネン・高橋睦子編著『子どもと家族にやさしい社会フィンランド――未来へのいのちを育む』明石書店，2009

第8章　健康な園生活をつくる

厚生労働科学研究費補助金：未就学児の睡眠・情報通信機器使用研究班編「未就学児のための睡眠Q＆A〜保育・保健・医療従事者の方へ〜」愛媛大学医学部附属病院睡眠医療センター，2018

こども家庭庁「保育所における感染症対策ガイドライン（2018年改訂版）」（2023（令和5）年5月一部改訂）2023

厚生労働省「保育所保育指針」2017

文部科学省「幼稚園教育要領」2017

厚生労働省「保育所におけるアレルギー対応ガイドライン（2019年改訂版）」2019

第9章　安全な園生活をつくる

文部科学省「幼稚園教育要領解説」2018

厚生労働省「保育所保育指針解説」2018

内閣府・文部科学省・厚生労働省「幼保連携型認定こども園教育・保育要領解説」2018

文部科学省『「生きる力」をはぐくむ学校での安全教育——学校安全資料 改訂2版』東京書籍，2019

平成27年度教育・保育施設等の事故防止のためのガイドライン等に関する調査研究事業検討委員会「教育・保育施設等における事故防止及び事故発生時の対応のためのガイドライン」2016

文部科学省『学校の危機管理マニュアル作成の手引——子供たちの命を守るために』日本スポーツ振興センター学校安全部，2018

高知県教育委員会「保育所・幼稚園等防災マニュアル作成の手引き 地震・津波編〜子どもたちの生命を守るために〜」2012

重安智子・安見克夫編著『保育内容「健康」——遊びや生活から健やかな心と体を育む』ミネルヴァ書房，2020

第10章　教材研究する力をつける

中川智之「幼稚園教諭養成課程における教材研究力の育成に関する一考察——『幼児期から児童期への教育』の分析を通して」『川崎医療短期大学紀要』第35号，pp.71-77，2015

碓井幸子「幼児教育を学ぶ学生の保育実践力を養う教材研究の方法と課題」『清泉女学院短期大学研究紀要』第35号，pp.1-11，2016

文部科学省「幼稚園教育要領解説」2018

全国国立大学附属学校連盟幼稚園部会「国立大学附属幼稚園からの提案14 遊びを支える教材の工夫・教材研究」2019

第11章 ICTを活用する力をつける

渡邉裕編『これからの保育のためのICTリテラシー＆メディア入門——Word・Excel・PowerPoint・動画編集』みらい，2022

田中浩二『保育現場のICT活用ガイド——実践に役立つ・業務の効率化につながる』中央法規出版，2023

第13章 園評価の意義を知り教職員の一員として参加する

全日本私立幼稚園幼児教育研究機構「すぐできる！　自己評価と学校関係者評価」2019

文部科学省「幼稚園における学校評価ガイドライン〔平成23年改訂〕」2011

保育教諭養成課程研究会『令和4年度子ども・子育て支援調査研究事業 幼保連携型認定こども園における評価に関する調査研究報告書』保育教諭養成課程研究会，2023

厚生労働省「保育所における自己評価ガイドライン（2020年改訂版）」2020

第15章 現代的な課題への対応

栃木県幼児教育センター栃木県総合教育センター幼児教育部「架け橋期の教育の充実に関する指導資料『同種の活動』から見る架け橋期の教育〜遊びや学びのプロセスからカリキュラムへ〜」2024

高知県教育委員会幼保支援課「保幼小架け橋プログラム【活動事例15】きれいにさいてね『たねをまこう』（小学1年生）」

高知県教育委員会幼保支援課「保幼小架け橋プログラム【活動事例10】作った色水を移し替えよう（5歳児）」

索引

アルファベット

ICF ····································· 64, 65
ICT ·· 137
…の活用 ································ 140
OECD ······························· 185, 188
『OECD保育の質向上白書──人生の始ま
　りこそ力強く：ECECのツールボックス』
　·· 185
SIDS ·· 104
Society 5.0 ······························ 137
『Starting Strong』···················· 185
『Starting Strong Ⅲ』················· 186
『The Nature of Learning』··········· 188

あ行

預かり保育 ······························· 91
アレルギー ································ 99
安全管理 ··································· 114
安全教育 ······················· 114, 116
一時保育 ··································· 92
1日の流れ ································ 47
1年間の代表的な行事 ················· 48
園外研修 ··································· 172
園内研修 ························· 24, 171
園評価 ······································ 157
…（保育所）····························· 158
…（幼稚園）····························· 157
…（幼保連携型認定こども園）······· 159
園務分掌 ··································· 45

か行

夏期保育 ··································· 92
学習環境の設計の核となる7つの原理 ······ 191
『学習の本質──研究の活用から実践へ』·· 188
架け橋期 ··································· 183

学級 ··· 53
学級経営 ······························ 44, 55
…の評価 ··································· 57
学級経営案 ································ 55
学級編制の基準 ························· 53
学校安全 ··································· 114
…の体系 ··································· 114
…の領域 ··································· 116
学校安全計画 ···························· 117
学校教育で育成すべき資質・能力の3つの
　柱 ·· 180
学校保健安全法 ························· 112
家庭との連携 ···························· 77
環境構成 ··································· 40
環境整備 ··································· 40
関係者評価 ································ 161
…（認定こども園）···················· 162
…（保育所）····························· 162
…（幼稚園）····························· 161
感染症 ······································ 105
…の出席停止期間 ······················ 106
…の種類 ··································· 106
感染症予防 ································ 105
期案 ··· 40
キー・コンピテンシー ················ 189
危機管理 ··································· 120
…（事後）································· 120
…（事前）································· 120
…（発生時）······························ 120
危機管理マニュアル ··················· 120
教員の資質 ································ 12
教材研究 ····························· 128, 129
教師像 ······································ 12
教職員に求められる資質能力 ········· 16
教職実践演習 ····························· 1
共生社会の形成に向けたインクルーシブ教
　育システム構築のための特別支援教育の
　推進（報告）··························· 65
協働エージェンシー ··················· 190

切れ目のない支援 …………………… 89
クラス ……………………………………… 53
クラス経営 ……………………………… 44, 55
…の評価 …………………………………… 57
クラスづくりの視点 …………………… 55
クラス編制の基準 ……………………… 53
月案 ……………………………………… 40
研修の意義 ……………………………… 168
交通安全 ………………………………… 116
合理的配慮 ……………………………… 65
個人記録 ………………………………… 149
午睡 ……………………………………… 103
…の流れ ………………………………… 103
午睡時の配慮事項 ……………………… 103
子育て支援 ……………………………… 87
…（地域の子育て家庭） ……………… 92
…（保育所） …………………………… 92
…（幼稚園） …………………………… 91
…の課題 ………………………………… 93
…の対象 ………………………………… 88
子育て支援事業 ………………………… 91
子育て支援制度 ………………………… 88
…（フィンランド） …………………… 89
子育て支援センター …………………… 92
子育て世代包括支援センター ………… 90
子ども・子育て支援新制度 …………… 90
個別の教育支援計画 …………………… 68
個別の支援計画 ………………………… 68
個別の指導計画 ………………………… 68
これからの学校教育を担う教員の資質能力
　の向上について〜学び合い，高め合う教
　員育成コミュニティの構築に向けて〜
　（答申） ………………………………… 6
今後の教員養成・免許制度の在り方につい
　て（答申） ……………………………… 1

さ行

災害安全 ………………………… 116, 117

思考力，判断力，表現力等の基礎 …… 25, 181
自己評価 ………………………………… 160
…（認定こども園） …………………… 161
…（保育所） …………………………… 161
…（幼稚園） …………………………… 160
指定保育士養成施設の指定及び運営の基準
　について ……………………………… 4
指導計画 ………………………………… 37
…の作成のサイクル …………………… 40
指導に関する記録 ……………………… 153
児童発達支援センター ………………… 67
指導法研究 ……………………… 128, 129
週案 ……………………………………… 40
主担当の役割 …………………………… 23
出席簿 …………………………………… 45
小学校教育 ……………………………… 180
…との連携 ……………………………… 179
情報通信技術 …………………………… 137
食育 ……………………………………… 101
初任者研修 ……………………………… 172
新澤誠治 ………………………………… 88
生活安全 ………………………………… 116
生徒エージェンシー …………………… 190
素材研究 ………………………………… 128
組織活動 ………………………… 114, 116

た行

第三者評価 ……………………………… 162
…（認定こども園） …………………… 163
…（保育所） …………………………… 162
…（幼稚園） …………………………… 162
対人管理 ………………………………… 114
対物管理 ………………………………… 114
担当制 …………………………………… 23
チーム保育 ……………………… 22, 23
知識及び技能の基礎 …………… 25, 181
中堅教諭等資質向上研修 ……………… 172
テ・ファリキ …………………………… 150

索引 199

動線 ………………………………… 41
ドキュメンテーション ……………… 152
ドナルド・ショーン ………………… 148

な行

日案 ………………………………… 40
日誌型記録 ………………………… 150
日本版ネウボラ …………………… 90
乳児家庭全戸訪問事業 …………… 90
乳幼児突然死症候群 ……………… 104
認定こども園の1日 ……………… 31
ネウボラ …………………………… 89

は行

反省的実践家 ……………………… 148
引き渡しカード …………………… 117
副担当の役割 ……………………… 23
ブレスチェック …………………… 104
保育カンファレンス ……………… 64
保育教諭の職務内容 ……………… 33
保育記録の意義 …………………… 148
保育士 ……………………………… 91
…の職務内容 ……………………… 30
保育実践演習 ………………… 1, 2, 4
保育士等キャリアアップ研修 …… 17
保育者としての心構え …………… 2
保育者に求められる資質能力 … 6, 10, 11
保育者の専門性 …………………… 169
保育所児童保育要録 ……………… 45
保育所におけるアレルギー対応ガイドライ
　ン …………………………………… 99
保育所における感染症対策ガイドライン‥ 105
保育所における自己評価ガイドライン …… 158
保育所の1日 ……………………… 28
保育所保育指針
　…………… 70, 100, 103, 105, 113, 169, 181

保育マップ型記録 ………………… 150
ポートフォリオ …………………… 149
保護者との連携 ………………… 75, 77

ま行

マーガレット・カー ……………… 152
マザー・テレサ …………………… 93
学びに向かう力，人間性等 ……… 25, 181
学びの軌跡の集大成 ……………… 1, 2

や行

ゆるやかな担当制 ………………… 23
幼児期の終わりまでに育ってほしい姿
　………………………………… 154, 181, 182
幼児教育 …………………………… 180
幼稚園教育要領 ……… 68, 101, 113, 181
幼稚園教諭の職務内容 …………… 27
幼稚園の1日 ……………………… 25
幼稚園幼児指導要録 ……………… 45
幼保小の架け橋プログラム ……… 181
幼保連携型認定こども園園児指導要録 ……… 45
幼保連携型認定こども園教育・保育要領
　………………………………… 113, 181
要録 …………………………… 45, 153

ら行

ラーニング・コンパス2030 ……… 190
ラーニング・ストーリー ………… 152
履修カルテ ………………………… 3
レッジョ・エミリア …………… 150, 152

わ行

ワークシート ……………………… 131

保育・教職実践演習　―学びの軌跡の集大成を目指して―

編　者

神長美津子　國學院大學名誉教授，大阪総合保育大学特任教授
田代幸代　共立女子大学教授

執筆者　（執筆順）

神長美津子　前掲 ･･ 序章，第15章①②
田代幸代　前掲 ･･ 第1章，第6章
宮里暁美　お茶の水女子大学教授 ････････････････････････････････････ 第2章
中野圭祐　國學院大學助教 ･･ 第3章
柿沼芳枝　東京家政大学准教授 ･･････････････････････････････････････ 第4章
廣井雄一　國學院大學准教授 ･･ 第5章
守隨　香　共立女子大学教授 ･･ 第7章
望月文代　育英大学准教授 ･･ 第8章
河合優子　聖徳大学教授 ･･ 第9章
島田由紀子　國學院大學教授 ･･･････････････････････････････････････ 第10章
竹田好美　富山国際大学講師 ･･････････････････････････････････････ 第11章
吉永安里　國學院大學教授 ･･ 第12章
大澤洋美　東京成徳短期大学教授 ･･････････････････････････････････ 第13章
津金美智子　名古屋学芸大学教授 ･･････････････････････････････････ 第14章
夏秋英房　國學院大學教授 ･･･････････････････････････････････････ 第15章③

（2025年4月1日現在）

保育・教職実践演習
学びの軌跡の集大成を目指して

2025年4月10日　発行

編著者　　神長美津子・田代幸代
発行者　　荘村明彦
発行所　　中央法規出版株式会社
　　　　　〒110-0016　東京都台東区台東3-29-1　中央法規ビル
　　　　　Tel　03（6387）3196
　　　　　https://www.chuohoki.co.jp/

印刷・製本　　　　株式会社アルキャスト
本文・装丁デザイン　　澤田かおり（トシキ・ファーブル）

定価はカバーに表示してあります。
ISBN978-4-8243-0196-3

本書のコピー，スキャン，デジタル化等の無断複製は，著作権法上での例外を除き禁じられています。また，本書を代行業者等の第三者に依頼してコピー，スキャン，デジタル化することは，たとえ個人や家庭内での利用であっても著作権法違反です。
落丁本・乱丁本はお取り替えいたします。

本書の内容に関するご質問については，下記URLから「お問い合わせフォーム」にご入力いただきますようお願いいたします。
https://www.chuohoki.co.jp/contact/

A196